# TCHERNOBYL
## CONFESSIONS D'UN REPORTER

Direction éditoriale
Jean-Baptiste Bourrat

Révision des textes
Nils Ahl

Rédaction des légendes
Galia Ackerman

Traduction des textes
Emilia Koustova

Correction
Liliane Crapanzano

Conception artistique
Atalante-Paris

Photogravure
Les artisans du regard



*Tchernobyl, confessions d'un reporter* se prolonge sur le site www.arenes.fr


3, rue Rollin, 75005 Paris
Tél. : 01 42 17 47 80 – Fax : 01 43 31 77 97
arenes@arenes.fr

# IGOR KOSTINE
# TCHERNOBYL
## CONFESSIONS D'UN REPORTER

avec la collaboration de Thomas Johnson

France Inter
LES ARÈNES
corbis.

Saint-Pétersbourg
Tallinn
Mer
Baltique
ESTONIE
Lac
Peïpous
Tartu
Riga
LETTONIE
Liepaja
Daugava
Volga
Tver
Siauliai
Daugavpils
Klaipeda
Moscou
LITUANIE
Polotsk
R U S S I E
55°N
Kaliningrad
RUSSIE
Vitebsk
Kaunas
Vilnius
Dniepr
Oka
Berezina
Orcha
Niemen
Minsk
Toula
Grodno
POLOGNE
Moguilev
BIÉLORUSSIE
Briansk
Bobrouisk
Varsovie
Desna
Brest
Pripat
Gomel
Lublin
Pripiat
Tchernobyl
Tchernigov
Vistule
Rovno
Kiev
Jitomir
50°N
Lvov
Kharkov
Donets
Tcherkassy
Oujgorod
Dniestr
Dniepr
UKRAINE
Tchernovtsy
Dnipropetrovsk
Bouh
MOLDAVIE
Kryvoï Rog
Zaporojie
Chisinau
(Kichinev)
Marioupol
Cluj
Iasi
Mures
Prout
Odessa
Kherson
Siret
Mer
d'Azov
ROUMANIE
Crimée
Kertch
Mer Noire
Danube
45°N
Sébastopol
Bucarest
Yalta

À mes parents Nadejda et Fedor

« L'objectif du photographe n'est pas d'imaginer mais de se souvenir… »

Roland Barthes

**Une vue aérienne de la centrale de Tchernobyl, le 26 avril 1986.** C'est le seul cliché au monde qui date du jour même de l'accident. L'aspect granulé est dû au niveau de radiations extrêmement élevé. Tous les autres tirages d'Igor Kostine sont intégralement noirs…

# 26 AVRIL 1986

## IL S'EST PASSÉ QUELQUE CHOSE À TCHERNOBYL

**LE 26 AVRIL 1986**, la sonnerie du téléphone me tire du sommeil. Je décroche, machinalement, sans allumer la lumière. J'ai encore les yeux fermés. Je reconnais la voix de l'un de mes amis, pilote d'hélicoptère :
– Igor, il y a un incendie à la centrale nucléaire de Tchernobyl. On y va en hélico. Tu nous accompagnes ?
Reporter-photographe pour l'agence de presse Novosti, ces appels nocturnes ne me surprennent pas. J'accepte, la voix pâteuse. Au moment de raccrocher, j'ai déjà enfilé mon pantalon. Sans prendre le temps d'une douche ou d'un café, je quitte mon petit appartement et mon quartier de barres en béton dont Kiev est remplie. L'aube se lève et les pompiers auront certainement tout éteint à notre arrivée, mais qu'importe ! J'aime prendre des photos aériennes. Nous nous retrouvons à l'héliport. Quarante-cinq minutes de vol, cent cinquante kilomètres entre Kiev et Tchernobyl, au-dessus d'une plaine sans relief, régulièrement parsemée d'usines. J'en profite pour vérifier mon matériel, nettoyer mes deux appareils et charger mes pellicules. J'ai connu des dizaines de matins comme celui-là.

**VERS MIDI, NOUS APERCEVONS** la silhouette massive de la centrale. Elle ressemble à une usine assoupie, à l'écart des autres, vaste ensemble un peu anarchique près de la rivière. Rien ne laisse supposer qu'il y a eu un accident, à part une fumée blanche, presque translucide, qui monte à la verticale de l'un des bâtiments et se mêle aux nuages. Impatient, je me colle au hublot pour essayer de voir et de comprendre ce qui se passe. J'ai mon appareil photo à la main, à l'affût. Dans l'hélicoptère règne un bruit assourdissant. À l'approche de la centrale, nous percevons une grande agitation. De nombreux véhicules militaires vont et viennent. J'ai déjà vu ce genre de scène au Viêt-nam ou en Afghanistan, mais je ne m'attendais pas à le revivre près de chez moi, en Ukraine, en photographiant un incendie. L'hélicoptère poursuit sa route. Soudain, il n'y a plus aucun mouvement, plus rien de vivant en dessous de nous. Comme si nous étions en apesanteur. Devant nous, un grand trou béant, comme une tombe ouverte. La colonne de vapeur blanchâtre semble se précipiter à toute allure vers le ciel. La centrale se compose de quatre blocs distincts – un par réacteur. Le toit du quatrième, une dalle de béton armé de trois mille tonnes, a été soufflé par l'explosion et retourné comme une crêpe. Au fond des ruines, on distingue à peine la lueur rougeâtre du cœur en fusion. Des gouttes de sueur chaude roulent le long de mes avant-bras. La température est très élevée, pourtant nous n'apercevons pas de flammes. J'ouvre le hublot, mécaniquement, comme je le fais toujours pour éviter les reflets. J'arme mon appareil et prends une photo. Une grande bouffée d'air chaud remplit la cabine de l'hélicoptère. Aussitôt, j'ai envie de râcler le fond de ma gorge. C'est une sensation nouvelle et étrange. J'avale difficilement ma salive. Probablement les vapeurs toxiques de l'incendie. Je me retiens de tousser et pointe mon objectif vers le sol. Je fais mes premiers clichés, une vingtaine. Soudain, mon appareil se bloque. Je force sur le déclencheur, mais rien. Le mécanisme est grippé. J'enrage. Je m'acharne quelques secondes, en vain. Le pilote refait un passage au-dessus de la centrale. Faute de pouvoir prendre d'autres clichés, nous repartons sans même atterrir. Tout ça pour vingt photos seulement! À Kiev, au développement, le film semble couvert d'une pellicule opaque. Presque tous les clichés sont intégralement noirs. Comme si l'appareil avait été ouvert en pleine lumière, et la pellicule exposée. Je ne le comprends pas à ce moment-là, mais c'est dû à la radioactivité. Marie Curie a été confrontée à la même expérience quand elle a isolé le radium. Les radiations impressionnent les pellicules ou les plaques photographiques. Seul le premier cliché semble moins attaqué. Sans doute a-t-il été protégé par le rouleau. En me battant avec la pellicule, je finis par obtenir une épreuve acceptable que j'envoie à Moscou, au siège de l'agence Novosti. Elle ne sera pas publiée. Mais je sais déjà que je retournerai à Tchernobyl refaire des photos.

PENDANT CE TEMPS, À L'ÉTRANGER, l'information se propage et enfle: on y raconte qu'il y a peut-être des dizaines, des centaines, voire des milliers de morts à Tchernobyl. La nuit de l'accident, un satellite américain a pris une photo de l'explosion. Les chancelleries et les rédactions du monde entier bourdonnent comme des ruches, mais sans savoir de quoi il retourne. Gorbatchev en déduit très vite que s'il veut pouvoir encore contrôler les rumeurs, lui est impossible de dissimuler plus longtemps l'accident. Aussi décide-t-il de donner cinq accréditations à des médias soviétiques: à l'agence de presse Novosti (APN), à l'agence TASS, à la *Pravda*, à la télévision centrale et au correspondant de l'agence TASS en Ukraine. Je représente Novosti. Mais l'agence est prudente: elle ne m'envoie pas de voiture.

– Tu comprends: un journaliste, cela se remplace, alors qu'une voiture…

Ce n'est que le troisième jour que la *Pravda* révèle enfin qu'il s'est passé quelque chose à Tchernobyl. Le journal officiel du pouvoir ne publie pas de photo. «Un accident s'est produit à la centrale de Tchernobyl. Un des réacteurs est endommagé. On prend des mesures. Une commission gouvernementale enquête…» Comme d'autres, je me mets à écouter clandestinement la station de radio "la Voix de l'Amérique", par qui j'apprends que c'est un «accident nucléaire majeur» qui a eu lieu à Tchernobyl, en Ukraine. Il y a bien des centaines, voire des milliers de morts et de blessés. Je suis anéanti. Ni le gouvernement ni les scientifiques n'ont parlé d'un accident nucléaire majeur. J'ai envie d'agir, je ne tiens pas en place. L'idée de rester chez moi ou, pire encore, de prendre le premier avion pour fuir loin des radiations ne m'effleure même pas. Je dois rester là, en Ukraine. La centrale est à cent cinquante kilomètres de Kiev, à cent cinquante kilomètres de mon immeuble.
Les ouvriers qui sont sur place parlent la même langue que moi.
Ce sont les miens, mes frères, mes semblables. Je suis des leurs.
Je reste.

«Nos centrales nucléaires ne présentent aucun risque. On pourrait les construire même sur la place Rouge. Elles sont plus sûres que nos samovars.»

L'académicien Anatoli Alexandrov

**Un survol de la centrale, mai 1986.** Intérieur d'un hélicoptère militaire de reconnaissance. Malgré les consignes de sécurité, le copilote a retiré son respirateur, une «muselière» qui date de la Seconde Guerre mondiale.

**Une armada d'hélicoptères.** Les hélicoptères militaires jouent un rôle primordial dans la bataille contre « la bête nucléaire ». Les premiers jours, ils bouchent le trou béant du réacteur explosé, au cœur ouvert, avec du plomb et du sable. Ils effectuent

quotidiennement d'innombrables vols de reconnaissance, répandent le liquide décontaminant, transportent des matériaux de construction pour le sarcophage. Beaucoup de pilotes ont été gravement irradiés.

« À trois cents mètres au-dessus du réacteur, la radioactivité atteignait mille huit cents röntgens par heure. Les pilotes avaient des malaises en plein vol. Pour balancer leurs sacs de sable dans l'orifice brûlant de la centrale, ils sortaient la tête de la carlingue et faisaient une estimation visuelle. »

Sergueï Vassilievitch Sobolev

**Un «éclaireur» nucléaire, été 1986.** La construction du sarcophage avance. On essaie de limiter les dégâts : les «dosimétristes» survolent le site cinq fois par jour pour mesurer les taux de radioactivité qui changent en fonction de la météo et des vents.

**Décontaminer… au plus vite.** Après l'explosion, le site de la centrale est recouvert de poussières radioactives. Plusieurs fois par jour, des hélicoptères militaires l'arrosent avec un mélange coagulant qui «cloue» au sol les matières radioactives. Puis des équipes

de liquidateurs roulent l'écorce qui se forme et l'enterrent dans des fosses. Ce liquide décontaminant élaboré par l'Institut de la physique nucléaire à Moscou portait le nom de *bourda*.

**Une démarche périlleuse, juin 1986.** Igor Kostine, dont on aperçoit l'ombre à droite, photographie les décombres du réacteur explosé, à partir du toit du bloc voisin jonché de débris radioactifs.

**«Zone interdite», mai 1986.** Des liquidateurs en tenues de protection contre la guerre chimique, inadaptées pour protéger contre les radiations, fixent ce panneau sur une route de campagne de la zone désormais interdite. L'URSS n'étant pas préparée à l'éventualité d'une

catastrophe industrielle de cette ampleur, il n'existait pas de tels panneaux en stock. En cinq jours, cinq cents panneaux identiques ont été confectionnés pour interdire l'accès à un périmètre de trente kilomètres autour de la centrale.

**En route vers l'enfer, septembre 1986.** Trois liquidateurs s'équipent pour monter sur le toit du troisième bloc, juste au-dessus du réacteur explosé. Chacun a la consigne de jeter en bas une pelletée de déchets radioactifs et de descendre en courant.

# LES LIQUIDATEURS

## UNE ARMÉE DE "ROBOTS BIOLOGIQUES"

LA SEMAINE SUIVANTE, je me rends plusieurs fois à Tchernobyl. Comme je n'ai pas encore mon accréditation, je parlemente avec les miliciens qu'on a envoyés pour boucler le périmètre. Certains se souviennent d'un livre de photos que j'ai consacré à la milice et me proposent de les accompagner dans leur voiture. Ils me prêtent aussi de quoi me protéger des radiations. Chaque jour, des scientifiques et des représentants de l'armée et du parti sont sur place pour diriger et superviser les travaux et les actions des miliciens, des militaires et des ouvriers. L'URSS vient de refuser l'aide internationale, et on se débrouille avec ce que l'on a : des hommes. À eux de « liquider » l'accident de la centrale de Tchernobyl. Dès lors, ils n'auront pas d'autre nom que celui, très administratif et terrible à la fois, de « liquidateurs ». Au total, entre six cent mille et huit cent mille personnes seront envoyées à la centrale, dont cinq cent mille soldats et officiers, parmi lesquels des réservistes, que l'on est allé chercher chez eux, à travers toute l'URSS, pour les emmener à Tchernobyl. Les autres sont des ouvriers et des paysans ukrainiens ou biélorusses. Le pouvoir a autant besoin de leurs bras que de leur courage.

DANS L'URGENCE, on distribue des masques et des protections. Les premiers masques que l'on nous donne nous font des têtes de cochons. On les appelle entre nous des « muselières », ou des « groins ». Ils proviennent des stocks dont disposent les régiments alentour en cas d'attaque chimique ou bactériologique et sont horriblement mal conçus. Après deux heures de port, la bouche se couvre d'ulcères, à cause de la chaleur et de la mauvaise circulation de l'air. Deux mois plus tard nous recevrons un autre modèle, aussitôt baptisé « pétale », à cause de sa couleur blanche. Ces masques permettent de travailler toute la journée, mais les poussières radioactives s'y accumulant nous devons en changer deux ou trois fois par jour. La monstrueuse machine de ce qu'on continue d'appeler sobrement la « liquidation de l'accident de la centrale de Tchernobyl » se met en branle. Le pays entier envoie à Tchernobyl des vêtements de protection, des vêtements blancs. C'est une armée de fantômes qui s'affaire autour de la centrale. Le blanc me frappe car, en Union soviétique, il existe alors un système hiérarchique très puissant et très strict. Et pourtant, à Tchernobyl, tout le monde est en blanc : ministres, généraux, soldats.
Nos vies sont bouleversées. Les repères sont incertains. La vraie nature des hommes se révèle, à deux pas ou à deux secondes de la mort. J'admire

le calme et la détermination autour de moi, ces odeurs familières, cette façon de parler qui ne change pas. Il semble parfois que rien n'est grave, que nous sommes de banals ouvriers dans une usine.

LA RADIOACTIVITÉ NE SE DIFFUSE PAS de manière homogène. C'est comme des taches à la surface de la Terre. À certains endroits on mesure cinq cents röntgens, et juste à côté quelques röntgens seulement. Un coup de vent, une averse, et cela change. Lorsque je marche dans un champ, je ne peux pas savoir si la terre est très irradiée ou pas – à moins d'avoir un dosimètre sur moi. Et les premiers jours, il n'y a pas de dosimètres, du moins pas pour tout le monde, alors que c'est pourtant le seul moyen de repérer notre ennemi. Des hélicoptères versent du sable, du plomb et des produits coagulants sur la centrale pour empêcher les poussières ionisantes de s'envoler. La radioactivité est invisible, inodore, incolore. En Afghanistan ou au Viêt-nam, les soldats couraient le risque de prendre une balle, la douleur serait immédiate, terrible, elle pouvait tuer sur le coup, mais au moins on savait. Pas à Tchernobyl. Quand nous rentrons, nous sommes épuisés. Notre seule pensée est d'aller sous la douche et de manger. Nous nous frictionnons les uns les autres plusieurs fois. Nous nous lavons jusqu'à faire cesser de sonner les dosimètres, puisque à la fin de la journée nous sommes nous-mêmes radioactifs et suffisons à affoler nos propres instruments de mesure. Ensuite nous passons à table. On nous gâte car le seul moyen de combattre notre ennemi, c'est d'être fort et en bonne santé. Nous avons de la viande à tous les repas et nous buvons du vin. Nous rions beaucoup. Les réfectoires sont très bruyants à Tchernobyl, on parle de femmes, de nourriture, de la vie en général. Et nous mangeons à n'en plus pouvoir avant de tituber jusqu'à nos lits. Une dernière confidence, une dernière plaisanterie, et nous sombrons dans le sommeil en quelques secondes. Le lendemain, nous nous levons à quatre heures et demie. Le rituel est immuable: toilette sommaire, prise de sang et comprimé d'iode. Comprimé qui nous donne envie de vomir, surtout à jeun, mais c'est l'une des seules préventions efficaces contre le cancer de la thyroïde. Ensuite seulement, nous prenons un petit déjeuner et nous revêtons nos vêtements de protection. Les soldats rejoignent leurs affectations. Très peu ont songé à déserter. On leur a promis de doubler leur salaire, de le tripler, voire de le multiplier par six s'ils travaillent très près de la centrale. Les conversations du matin sont pleines des voitures et des maisons qu'ils pourront acheter.

Nous faisons des projets et parlons d'avenir. Mais dans la journée, des malaises surviennent à cause des conditions de travail très dures. Certains pilotes d'hélicoptère qui survolent la centrale s'évanouissent aux commandes. Personne ne sait précisément ce que sont devenus les liquidateurs. Beaucoup sont morts, beaucoup sont malades. Des officiers comme de simples soldats, les grands comme les petits. La radioactivité ne fait pas de différence entre un caporal et un général.

J'IGNORE SI TOUS CES GENS étaient vraiment volontaires. Sans même en avoir conscience, ils ont accompli l'inimaginable. Sur toute la surface de la Terre, des petits et des grands peuples leur doivent leur survie. Sans leur sacrifice, les conséquences de l'accident de la centrale auraient été bien pires. Pires en Ukraine et en Biélorussie, mais pires aussi dans toute l'Europe dont la moitié de sa population aurait dû être déplacée et dont la moitié de sa superficie n'aurait plus été cultivable. Les liquidateurs n'ont peut-être pas choisi de livrer cette guerre, mais ils ont mis à la disposition du pouvoir une des rares choses qu'on pouvait encore posséder en URSS : sa vie.

« Tous les jours, nous recevions les journaux. Je me contentais de lire les titres : "Tchernobyl, lieu d'exploit", "Le réacteur est vaincu", "La vie continue". L'adjoint politique de notre unité organisait des réunions et nous disait que nous devions vaincre. Mais vaincre qui ? L'atome ? La physique ? L'univers ? »

Arkadi Filine, liquidateur

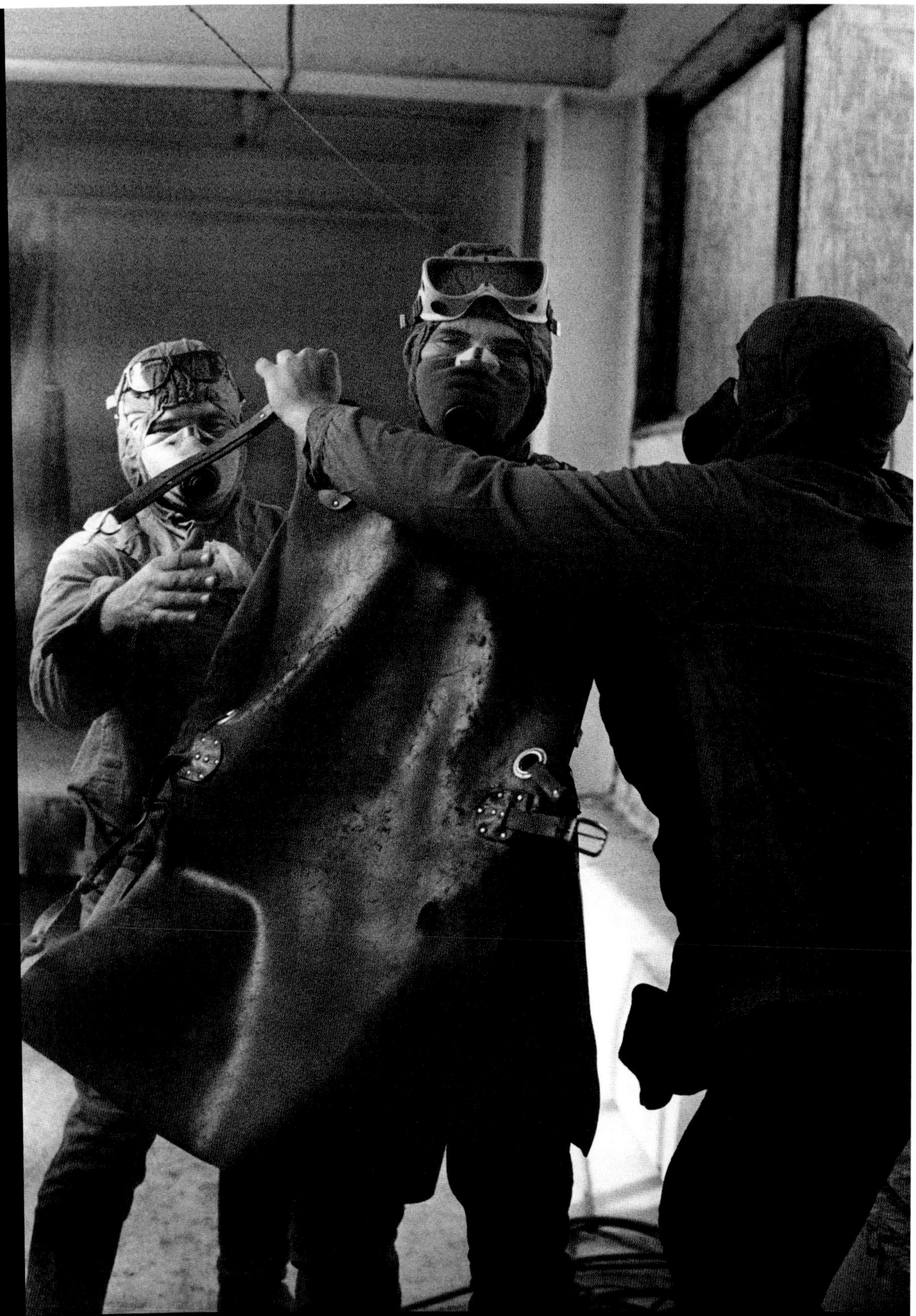

**Enfiler le «jogging».** Un groupe de liquidateurs s'entraide pour enfiler un équipement de près de trente-cinq kilos. Des tabliers de plomb recouvrent la poitrine et le dos pour protéger la moelle épinière.

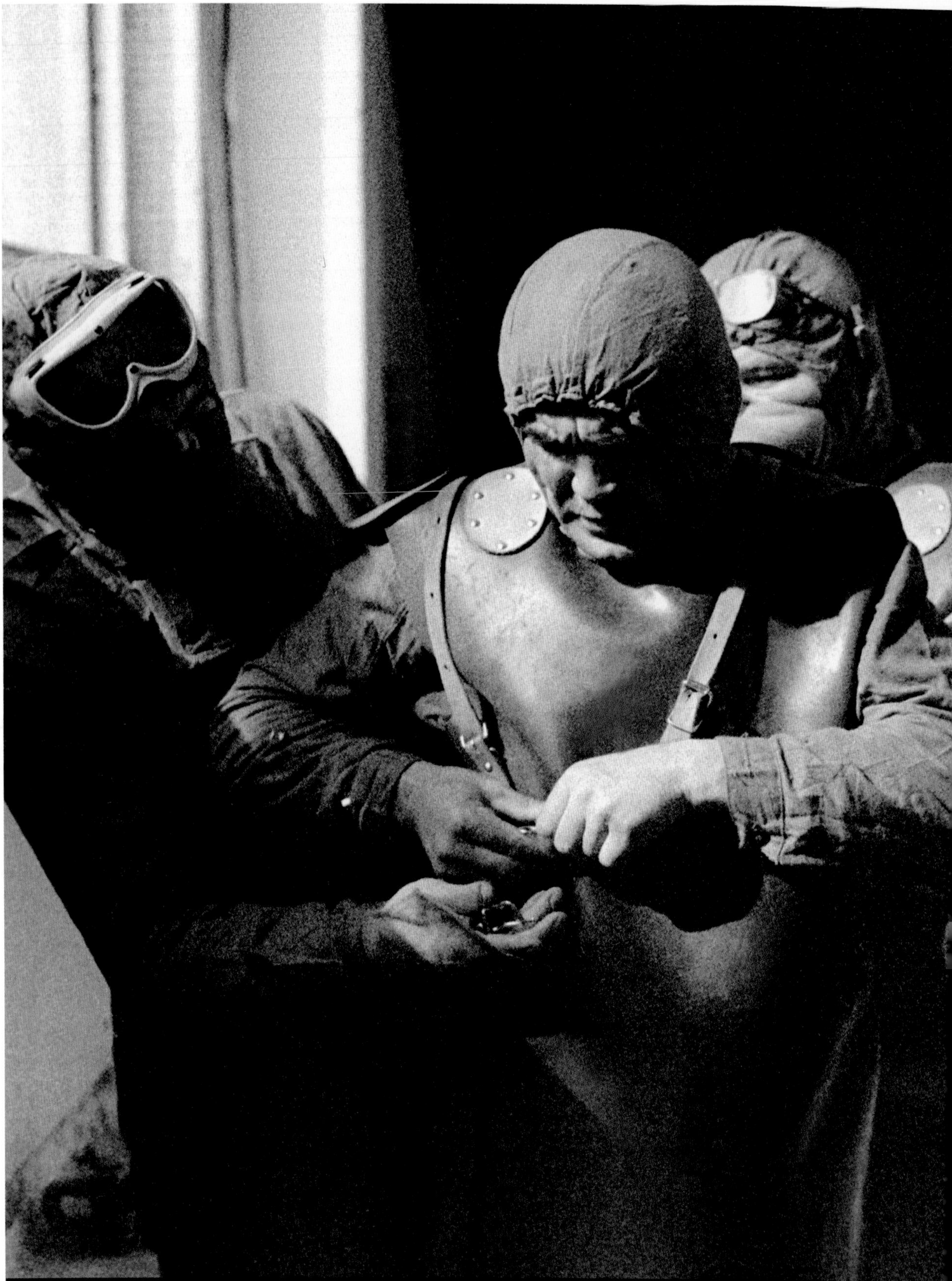

**Des préparatifs pénibles.** Presque tous les liquidateurs qui travaillaient sur le toit du troisième bloc étaient des réservistes de trente-cinq - quarante ans rappelés sous les drapeaux pour des «manœuvres». Le général Tarakanov a ordonné d'enlever les feuilles

de plomb qui tapissaient les bureaux de la commission gouvernementale pour leur confectionner des habits de protection rudimentaires. Ces tenues n'étaient utilisables qu'une seule fois: elles « absorbaient » trop de radioactivité.

**Un calot de plomb.** Les plus astucieux se confectionnaient même une « feuille de vigne » en plomb insérée entre deux slips. Cela donnait lieu à de nombreuses histoires grivoises qui faisaient partie du folklore de Tchernobyl. Mais on n'oubliait ni un calot de plomb

en guise de couvre-chef, comme on en voit ici, ni des semelles de plomb que·l'on glissait dans les bottes.

**Le copain d'Igor.** Le chef des « dosimétristes-éclaireurs » Alexandre Iourtchenko dans les couloirs de la centrale. Il a régulièrement accompagné Igor Kostine sur le toit du troisième bloc. Aujourd'hui, cet ingénieur de Kaliningrad souffre d'un cancer.

**L'état-major des liquidateurs.** Le coordinateur Igor Akimov reçoit des ordres téléphoniques. Derrière lui, des photos agrandies d'Igor Kostine sont utilisées par l'état-major pour préparer des missions de liquidation.

**L'entretien des réacteurs.** Après l'explosion du réacteur n° 4, les trois autres, non endommagés, ont été arrêtés. Les premier et deuxième blocs ont repris leur travail en octobre -novembre 1986, et le troisième bloc, avoisinant le réacteur explosé, en décembre 1987.

Or, pendant l'arrêt des réacteurs, il fallait assurer leur entretien et leur surveillance. Ici, une équipe du personnel de la centrale part au travail dans un environnement hautement contaminé.

**Célébration de la fête du Travail à Kiev, 1er mai 1986.** Sur l'ordre des autorités, un million de personnes défilent dans les rues de la capitale ukrainienne, alors que la pollution radioactive y atteint son pic. Annuler la fête aurait pu semer la panique…

# L'EXODE

## UNE ÉVACUATION SOUS CONTRÔLE

**À SEPT KILOMÈTRES DE LA CENTRALE,** la ville de Pripiat est au cœur de la zone interdite. Le 26 avril, certains se mettent à leur balcon avec des jumelles pour observer l'incendie. On commente l'arrivée massive des pompiers. Ceux qui ont des vélos font le trajet jusqu'au périmètre de sécurité de la centrale et, à leur retour, les familles se pressent autour d'eux pour avoir des nouvelles. À midi, les pêcheurs reviennent des cours d'eau alentour. Ils sont noirs comme s'ils avaient passé tout l'été à bronzer. Personne ne s'en inquiète, au contraire: on plaisante. La guerre fait peur, pas un incendie.
Les médias officiels ne parlent pas de Tchernobyl. Le ministère de l'Éducation nationale fait même passer une circulaire pour rappeler la présence obligatoire des élèves dans les établissements scolaires des villes et villages de la région. Les plus petits jouent dans les bacs à sable. On célèbre un mariage à la mairie. Rien ne distingue ce jour-là d'un autre: les mêmes conversations, la même nonchalance, les mêmes occupations quotidiennes. Seul détail troublant: on aperçoit parfois un milicien avec un masque sur le visage. Le lendemain, certains allument la radio et entendent qu'il faut fermer les fenêtres pour empêcher les poussières radioactives de rentrer dans les maisons. Mais c'est à peu près tout. Le deuxième jour, le paysage change radicalement. Le pays est en état de guerre. Cela se voit aux files des voitures sur les routes et à ces hommes et ces femmes qui partent, un sac sur l'épaule et tenant parfois un enfant par la main, à la recherche d'un hypothétique refuge.

**À PRIPIAT,** on a dit aux habitants, incrédules, qu'ils avaient deux heures pour rassembler leurs affaires et partir. Dans la nuit, des autocars en très grand nombre arrivent pour les évacuer. Ils remplissent sans comprendre un sac avec des effets personnels, dans le bruit des moteurs. Plusieurs fois, ils demandent s'ils pourront revenir.
Comme la plupart des citoyens de l'Union soviétique ils ont toujours vécu là, sans pouvoir faire d'économies, et c'est toute leur vie qu'ils laissent derrière eux. On leur explique qu'il y a eu une explosion à la centrale, que c'est dangereux pour leur santé et qu'ils peuvent en mourir. Ils protestent, ils résistent, ils ont des grands gestes pour dire que tout va très bien à Pripiat, que rien, ni personne, ne les menace et qu'ils sont en parfaite santé. Ils s'inquiètent pour leur travail et leur paye, mais ils montent quand même dans les autobus, par petits groupes, en traînant les pieds. Les rues et les immeubles

se vident. Le convoi s'ébranle et laisse les grands ensembles géométriques de Pripiat silencieux, alors que chacun se préparait aux cérémonies et à la fête du Premier Mai.

À KIEV, le premier secrétaire du Parti communiste ukrainien, Vladimir Tcherbitski, propose justement d'annuler le défilé prévu pour la fête du Travail. Mais il ne saurait être question de donner raison aux rumeurs et de répandre la panique. Aucune information officielle n'est encore parue. Alors le 1er mai, on défile dans les rues. La chaleur est écrasante et tout le monde est habillé légèrement. L'atmosphère est détendue, malgré les bruits qui annoncent des centaines de morts à Tchernobyl. On célèbre la jeunesse et le communisme dans un joyeux brouhaha de kermesse. Les enfants de Kiev défilent à la gloire de l'URSS pendant qu'on écoute d'une oreille distraite les discours volontaristes des délégués du parti. Dans certaines rues, pourtant, la radioactivité est dix fois supérieure aux taux réglementaires tolérés. Mais on joue de la musique, on profite d'une journée ensoleillée pour se promener et se réunir. La ville de Tchernobyl, à vingt kilomètres de la centrale, n'a même pas encore été évacuée. Dans les jours qui suivent, la vérité commence à se répandre. Alors qu'on évacue finalement la ville de Tchernobyl le 5 mai, les gares et l'aéroport de Kiev sont pris d'assaut par des habitants paniqués. On envoie les enfants chez des amis ou dans de la famille qui habitent le plus loin possible de la zone contaminée. Kiev se vide progressivement, comme Tchernobyl, comme Pripiat, mais à l'initiative de ses habitants, cette fois.

« Des colonnes de bus pleins à craquer quittaient la ville. Les uns derrière les autres, comme des coléoptères géants, sur des kilomètres et des kilomètres. Le trafic était fou. Seuls les rescapés de la Seconde Guerre mondiale peuvent s'imaginer un tel spectacle. »

Un habitant de Pripiat

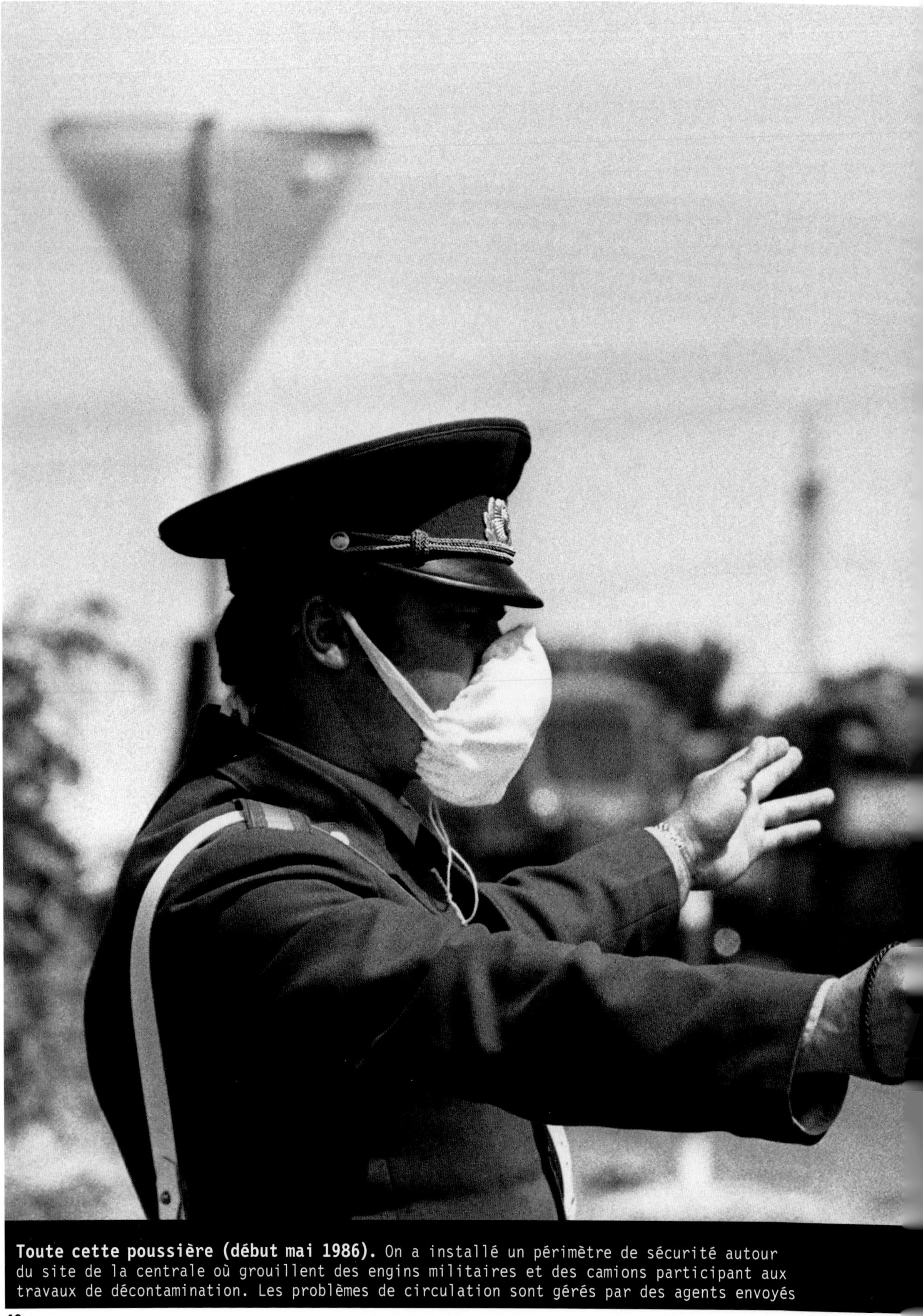

**Toute cette poussière (début mai 1986).** On a installé un périmètre de sécurité autour du site de la centrale où grouillent des engins militaires et des camions participant aux travaux de décontamination. Les problèmes de circulation sont gérés par des agents envoyés

de Kiev. Ces hommes restent des journées entières dans les poussières radioactives soulevées par les véhicules. Ils ne portent qu'un respirateur, alors qu'une tenue complète de protection serait nécessaire.

**L'exode, le 27 avril 1986.** Le lendemain de la catastrophe à la centrale, on procède à l'évacuation des habitants de la ville de Pripiat. Elle se déroule de façon parfaitement organisée, en quelques heures, avec mille deux cents autocars et deux cents camions.

Les habitants sont priés de n'emporter avec eux que l'indispensable pour deux-trois jours : quelques provisions, un change de linge, leurs papiers d'identité. Les jeunes se réjouissent de cette sortie collective. En fait, ce sera un départ définitif.

« Nous ne comprenions pas vraiment ce que nous faisions. Mais nous n'avions pas le choix.
Le régime à l'époque a tout mis en œuvre pour cacher la vérité sur l'accident. J'ai encore devant les yeux la manifestation du Premier Mai, un défilé conduit par la Mort. »

Boris Oliïnyk

**Défilé de la fête du Travail à Kiev, 1er mai 1986.** Les bruits de cette fête géante ne parviennent pas à couvrir les rumeurs sur la catastrophe qui commencent à circuler.

**Le char qui s'appelle Anouchka.** Ce conducteur venu de Sibérie a donné le nom de sa femme à son char aménagé en bulldozer. « J'aime ma femme. En sa présence, il est plus facile pour moi d'aller vers la mort », explique le tankiste à Igor Kostine.

# LA GUERRE TOTALE

## TRAQUER LA RADIOACTIVITÉ PARTOUT OÙ ELLE SE TERRE

**NOUS ÉTIONS EN GUERRE** contre les radiations. La guerre classique implique que tu sais d'où peut venir la balle qui va te tuer, et que tu peux te cacher derrière un rocher ou dans une tranchée. Mais à Tchernobyl, aucune tranchée, aucun char pour te protéger, l'ennemi est partout, rien ne l'arrête. Tu es touché par des milliers de balles et tu ne sais pas qui te tire dessus. Tu ne sais pas si tu es blessé, ni à quel endroit, ni à quel point. Alors tu continues à avancer.
Plus tard, la peau commence à peler. Les chairs se nécrosent. Les os pourrissent. Et il n'y a aucun traitement possible. On a dit aux gens que tout était contaminé, que la radioactivité était partout. Mais ils ne l'avaient jamais vue, jamais touchée. Et pour cause. Cela ne signifiait rien pour eux. On leur a dit qu'il fallait partir, que les rues dans lesquelles ils marchaient tous les jours étaient contaminées. Ils n'ont pas cru les soldats. Ils leur montraient leurs animaux, les papillons, les enfants qui jouaient, en assurant que tout allait bien. Les soldats finissaient par les expulser quand même. Puis des ouvriers venaient pour décontaminer la zone. Parfois, les gens étaient encore sur le pas de leur porte, avec leur maigre bagage, incrédules. Ils regardaient les pompiers qui lavaient les maisons à la lance à eau pendant des heures.
Puis une grue soulevait la maison et la précipitait dans une fosse que creusaient des bulldozers. On entendait le bruit des objets et des meubles qui se cassent. On enterrait tout : les arbres, les habitations, les véhicules. On enterrait même la terre et on bouchait les puits. On ne le faisait pas partout, c'est vrai, mais à certains endroits, il fallait le refaire. Les bulldozers creusaient et retournaient la terre trois ou quatre fois à quelques semaines d'intervalle.
La guerre est bien là : les blindés sont partout. À l'époque on les croyait efficaces. On croyait qu'ils protégeaient les soldats.
Mais c'était une erreur : les rayons gamma traversent même le blindage d'un char. Et que dire des voitures militaires avec leurs cinq millimètres de blindage ! Quand je suis arrivé pour la première fois à la centrale, j'étais à bord d'un de ces chars sur lesquels les soldats avaient rajouté des feuilles de plomb découpées à la hache. Tout était recouvert de plomb, sauf un hublot de dix centimètres de diamètre.
Certains jours, il faisait très chaud. Tellement chaud que les soldats étaient obligés de retirer leurs masques, sinon ils ne pouvaient pas respirer. La plupart du temps, ils ne travaillaient qu'en simple treillis militaire, sans aucune protection.

**AU TOUT DÉBUT**, on avait estimé que, certaines zones étant trop contaminées, on utiliserait des robots. On avait notamment envoyé sur le toit de la centrale un robot allemand très perfectionné. Mais il a refusé d'obéir, la radioactivité perturbant même les machines. Puis il a roulé vers le bord du toit, et il s'est précipité dans le vide. On aurait dit qu'il avait sauté. C'est comme cela qu'on a découvert que ni les robots, ni les ordinateurs ne pouvaient plus rien pour nous. Juste après les premières évacuations, les campagnes se peuplent de chiens et de chats abandonnés. Les gens n'ont pas eu le droit de les emmener avec eux car les poils s'imprègnent de poussières radioactives. Alors ils errent, vont dans les endroits les plus contaminés et deviennent radioactifs. Dans les régiments, on fait passer la consigne aux soldats : ne surtout pas prendre un chat dans ses bras. On en meurt. On peut mourir d'un chat qu'on a pris dans ses bras. L'ordre est donné de constituer des brigades de chasseurs, et de tuer ces animaux. Au bout de quelques jours, il y a des centaines de cadavres de chiens et de chats, partout, dans les rues des villes abandonnées, et dans les bois. Les brigades patrouillent en colonnes, leurs coups de feu résonnent en permanence. C'est facile de les tuer, ils courent vers les soldats, tout contents d'entendre des voix humaines. Il suffit de prendre le temps de bien viser… Puis d'autres brigades sont chargées de ramasser et de brûler les cadavres. Parfois, on en aperçoit un qui s'enfuit à toute vitesse. On n'a pas le temps de tirer. On croise le regard de l'animal. C'est terrible. Les nerfs lâchent d'un coup. À Tchernobyl, on a pensé à sauver l'homme, d'abord. Pour la nature et les animaux, on s'est contenté de solutions plus simples et plus radicales. Le fusil pour les chiens et les chats, la pelle et le bulldozer pour la nature. Nos seules armes pour combattre la radioactivité.

« On nous a conseillé de travailler nos potagers avec des masques de coton et des gants de caoutchouc… Et un savant très gonflé a prétendu qu'il fallait laver les bûches…
A-t-on jamais entendu pareille baliverne ? »

Zinaïda Evdokimovna Kovalenka, résidente sans autorisation

**Une décontamination obligatoire, mai 1986.** Les engins motorisés qui circulent sur le site de la centrale ne peuvent quitter son périmètre sans subir un lavage avec un produit décontaminant. Ce sont les troupes de défense chimiques qui s'en chargent.

« Nous avions des primes. Trente roubles par personne. Une bouteille de vodka coûtait trois roubles. Nous nous "désactivions" nous-mêmes… »

Viktor Iossifovitch Verjikovski

**Un camion « plombé ».** Un contrôleur marque dans son carnet le numéro du camion qui vient de subir un lavage décontaminant. Pour se protéger des radiations, le chauffeur a fixé des feuilles de plomb sur le toit et à l'avant du véhicule.

**Des travaux de Sisyphe.** Après l'évacuation de la ville de Tchernobyl, tous ses bâtiments, ses rues et ses routes sont assidûment lavés au liquide décontaminant.
Cependant, cette ville très ancienne qui comptait quinze mille résidents reste interdite

à l'habitation: elle abrite juste une centaine de personnes âgées qui ont refusé de partir et l'administration de la zone interdite.

**Une région à laver.** Dans les premiers mois après la catastrophe, des équipes de liquidateurs arrosent les villages autour de la centrale: certains sont déjà évacués, d'autres le seront plus tard. Il s'agit de «fixer» au sol les poussières radioactives.

**Il ne veut pas partir.** Malgré le niveau élevé des radiations, plusieurs personnes résistent à l'évacuation ordonnée par les autorités soviétiques. Voyant l'arrivée des soldats chargés d'ensevelir son village, cet homme accroche le drapeau de l'Ukraine soviétique et marque

à la craie, sur le mur de sa maison : « Camarades soldats ! Soyez attentifs, ne cassez pas ce logis. On habite ici. » Et comme si une ne suffisait pas, il est en train d'écrire la même chose une seconde fois…

**L'enterrement d'un village.** Igor Kostine – dont on voit l'ombre en bas, à droite – prend en photo la destruction d'un village évacué. Selon la technique préconisée, le bulldozer

creusait d'abord une fosse géante devant la maison, puis la poussait dedans et la recouvrait de terre. C'est ainsi que des villages entiers ont été enterrés.

**La douche ultime.** Pendant des années, on continue à détruire et à ensevelir des villages évacués. Les cartes des retombées radioactives de l'Ukraine, de la Biélorussie et de la Russie montrent de vastes zones contaminées. Ici, la dernière étape avant la destruction

d'un village inhabité qui tombe en ruine: on arrose le terrain afin d'empêcher la diffusion des poussières radioactives.

**Déprime.** Les hommes n'étaient pas préparés à ce genre de mission. Il fallait beaucoup de courage pour enterrer des villages entiers où avaient vécu leurs compatriotes.

**Ici se trouvait un village, août 1987**. Voici ce qui reste du village de Kopatchi, situé à sept kilomètres de la centrale. C'est ici que se trouvait, dans les premiers mois après la catastrophe, le poste de contrôle où l'on nettoyait les engins contaminés.

« À la place du village, il n'y a plus qu'un champ. Notre maison est enterrée là-bas. Et aussi l'école et le bureau du village. Mon herbier et deux albums de timbres. »

Vassia Mikoulitch, quinze ans

**Quand la nature devient dangereuse.** Des liquidateurs ont fixé à l'orée d'un bois de la zone interdite un panneau: «Radioactivité. Zone dangereuse. Le pâturage et la cueillette des baies et des champignons sont interdits.»

РАДИОАКТИВНОСТЬ
ОПАСНАЯ ЗОНА!
ВЫПАС СКОТА,
СЕНОКОШЕНИЕ,
СБОР ГРИБОВ И ЯГОД
ЗАПРЕЩЕНЫ!

**Une pelletée de graphite hautement radioactif à ramasser,** telle est la consigne pour ces soldats liquidateurs. L'armée soviétique n'a jamais fait l'économie du «matériau» humain.

# LES « CHATS DU TOIT »
## QUARANTE SECONDES POUR VIVRE

**PENDANT L'ÉTÉ,** je décide de trouver un logement plus près de la centrale, pour ne plus avoir à faire soixante kilomètres tous les matins. Les miliciens me proposent de dormir dans une école maternelle abandonnée. Elle a un joli nom: elle s'appelle *Skazka*, «Conte de fées». Là vivent les hommes chargés de mesurer la radioactivité dans chaque partie de la centrale: les dosimétristes. Ils s'occupent tout particulièrement d'aller sur le toit du réacteur n° 3 où l'explosion a projeté une grande quantité de déchets hautement radioactifs. Entre nous, nous les appelons *Krychnye Koty*, les «Chats du toit». Ils élaborent des plans. Ils cartographient progressivement toute la centrale. Ainsi, au moment d'envoyer des machines ou des troupes, on sait précisément à quelles doses de radioactivité ils vont être exposés. Ils travaillent par périodes de quarante secondes, parce qu'ils vont là où personne ne va, là où les radiations sont les plus fortes.

**LES «CHATS DU TOIT»** sont nimbés d'un certain mystère. Ils sont au nombre de dix-huit et travaillent la nuit, comme des chats qui chassent leurs femelles. Logé au même endroit qu'eux, je sympathise avec certains. Je leur confie ma difficulté à accéder au plus près du réacteur n° 4. Je leur montre mon accréditation: mes photos seront publiées dans le monde entier!
Ils m'écoutent en souriant. Ils pensent que je suis un peu fou, mais ils acceptent que je les accompagne. La nuit suivante, avant de monter sur le toit de la centrale, je prends une photo de groupe. On dirait une photo de classe ou d'usine. Au-dessus, on voit encore ce slogan qui date d'avant l'explosion: «La centrale nucléaire "Lénine" de Tchernobyl travaille pour le communisme»!
Quand nous levons les yeux vers le slogan, cela nous fait rire.
Sur cette photo, on voit Sacha Iourtchenko. Sur le toit, c'est lui qui m'a pris en charge. Il en connaissait tous les recoins. Tout n'était plus que ruines, mais il savait comment passer entre les pierres, par les tunnels et les trous dans la structure. Il marchait lentement, le dosimètre à la main, cherchant à déterminer avec précision les points de plus forte contamination. Dès qu'il trouvait une «tache» de radioactivité, il en suivait les contours et la dessinait sur le plan.
Dans les premiers temps, on a pensé envoyer principalement des machines automatiques ou téléguidées pour déblayer les blocs de graphite du toit. Mais il est apparu rapidement que la radioactivité détruisait leurs circuits électriques. Encore une fois, on a utilisé ce qu'il restait:

des hommes. On les appelait des robots biologiques ou encore des robots «verts» à cause de leur uniforme.

SUR LE TOIT, ils ne doivent rester que quarante secondes. Le temps de jeter une ou deux pelletées de déchets radioactifs dans le trou béant du bloc n°4. Parfois, le taux de radioactivité atteint dix mille röntgens. Et personne n'a même simplement imaginé qu'il était possible de travailler à dix mille röntgens. La sirène retentit. Huit soldats sortent en courant et se précipitent sur le toit. Quarante secondes plus tard, la sirène retentit encore: ils reviennent, toujours en courant. Sacha Iourtchenko monte sur le toit avant moi. Il y promène son dosimètre. Il cherche l'endroit d'où je peux prendre des photos sans courir trop de risques. Puis il revient en courant et se cache derrière un mur épais: c'est à moi de jouer. Je monte, frappé par un étrange sentiment mystique. J'ai l'impression d'être sur une autre planète. Tout est recouvert par le «fuel», un mélange de carburants radioactifs. Mes mains tremblent. Je ne sais plus où je suis, mais je prends des photos quand même. À peine une minute plus tard, je sens un coup sur mon épaule, et puis une voix qui me dit:
– Putain, mais dépêche-toi! Je bouffe plein de radiations, à cause de toi. Rentre vite, maintenant!
Sacha me pousse à l'intérieur de l'abri.
Le seuil maximum d'absorption de radioactivité par le corps humain est fixé à vingt-cinq röntgens. C'est une norme militaire. Les premiers jours, on nous a distribué des carnets pour noter notre taux d'irradiation quotidien. Avec les hommes de la brigade des «Chats du toit», je comprends qu'il faut mentir. Si l'on atteint vingt-cinq röntgens, on est renvoyé. Pour terminer la liquidation de la catastrophe, les «Chats» notent dans leurs carnets un chiffre dix fois inférieur à la réalité de leur irradiation. Et sur le moment, je ne dis rien, pour ne pas les trahir, parce qu'ils veulent rester pour finir leur travail.
Un jour, le général Tarakanov, qui dirige la brigade, est venu me trouver:
– Igor, pour ne pas brûler inutilement mes soldats, il me faudrait des grandes photos panoramiques du toit. On y marquerait l'emplacement des morceaux de graphite à déplacer.
Quand les robots biologiques reviennent du toit à la fin de la journée, on leur donne un diplôme officiel, un bout de papier, même pas une vraie médaille. Et puis cent roubles et un certificat de démobilisation. Ils prennent le train et rentrent chez eux. Près de cinq mille hommes se

sont succédé sur le toit pendant le mois de septembre. Moi, j'ai reçu cinq diplômes officiels. Ce sont des petits cartons rouges, tout simples, qui sentent le porridge, la transpiration et le plomb.
J'en suis très fier.

C'EST CE DONT JE SUIS le plus fier dans ma vie. J'ai vu des hommes déplacer des blocs radioactifs de graphite à mains nues. C'est la première fois dans l'Histoire. Je crois qu'une telle chose n'est possible que dans ce pays. Un pays où la vie d'un homme ne vaut pas grand-chose. Pour preuve: le régime les a laissés tomber. Personne n'a jamais appelé Vania, Petia, ou Volodia, pour savoir comment ils allaient, s'ils n'avaient pas besoin de quelque chose. Pire encore, on leur a supprimé leurs allocations et leurs avantages. On a peut-être cru que les robots, comme les chats, avaient sept vies… Descendus du toit, ils se sont discrètement évaporés, avec leurs bons regards et leurs rires. Quand les héros n'ont pas de noms, on les traite comme s'ils n'existaient pas. Et ils disparaissent.

**Le robot lunaire, juillet 1986.** Monté sur le toit du troisième bloc sans autorisation, Igor Kostine se retrouve face-à-face avec ce petit robot soviétique conçu pour la Lune. Celui-ci, avec ses capteurs, repère Igor. Mieux vaut vite descendre…

**Comment ne pas mourir.** C'est ce que le général Tarakanov explique à une équipe de liquidateurs avant qu'ils montent sur le toit du troisième bloc, l'un des endroits les plus radioactifs du site. En douze jours, du 17 au 29 septembre, les liquidateurs ont enlevé des toits de la

centrale cent soixante-dix tonnes de combustible nucléaire, de graphite et d'autres débris du réacteur explosé. Tarakanov lui-même a été gravement irradié, et a subi deux ans de soins, avant d'avoir la vie sauve.

**Les « robots biologiques ».** Pour nettoyer les toits, on avait d'abord essayé d'utiliser des robots ouest-allemands, japonais et soviétiques, mais leurs systèmes électroniques disjonctaient rapidement à cause du niveau de radiations extrêmement élevé.

C'est alors que la décision fut prise d'utiliser des hommes. Conscients de leur sacrifice, ces liquidateurs se présentaient eux-mêmes comme le « robot Pétia », le « robot Vassia »…

**Une course contre la montre.** Une sirène hurle au début et à la fin de chaque intervention qui dure moins d'une minute. Cela suffit pour recevoir une dose de radiations qui est égale, voire supérieure, au maximum autorisé pour toute une durée de vie humaine.

Les appareils de photographies d'Igor Kostine ne sont pas, non plus, épargnés. Les radiations ont attaqué la pellicule en formant des stries blanches sur toute la longueur du film. Ces clichés lui ont coûté deux *Nikon*.

**Une arme antinucléaire : la pelle.** Finalement, c'est à la pelle qu'on ramassait les débris nucléaires et c'est sur des civières qu'on les portait pour les jeter en bas. Aujourd'hui, ces débris continuent encore à « rayonner » sous le sarcophage.

**L'heure des félicitations, octobre 1986.** Le général Tarakanov remet des lettres de reconnaissance à un groupe de dosimétristes-éclaireurs surnommés les « Chats de toit ». Ces spécialistes de haut vol avaient pour fonction d'explorer, tous les soirs, le niveau

de radioactivité sur le toit du troisième bloc et dans d'autres endroits dangereux où travaillaient les liquidateurs. Au premier plan, de face, Alexandre Iourtchenko, le chef du groupe.

**Demain ils seront morts (1er octobre 1986).** L'équipage de ce MI-8 demande à Igor Kostine de le prendre en photo. Le lendemain, sous l'œil d'une caméra de la télévision, l'hélicoptère accroche la flèche d'une grue et s'écrase. Le reportage sera censuré…

# LE SARCOPHAGE

## UN CERCUEIL DE PLOMB POUR LE RÉACTEUR

**DÈS LES PREMIÈRES SEMAINES**, des hommes ont commencé à construire un sarcophage de béton autour du réacteur. Pour une fois, ce ne sont pas des militaires. Derrière les masques et les plaques de plomb maladroitement découpées je découvre des ouvriers spécialisés venus de toute l'URSS. Il faut absolument empêcher la radioactivité de continuer de se diffuser et le pouvoir n'hésite pas à sacrifier ses meilleurs éléments. Le paysage se hérisse de grues, et des blocs de béton armé sont en suspension au-dessus du réacteur n° 4. Le bruit familier des foreuses et des marteaux piqueurs fait croire à un chantier ordinaire. Pourtant, ceux qui travaillent au sarcophage de Tchernobyl n'ont pas de noms. Ils ne figurent dans aucun registre. On se contente de noter leur taux de radioactivité et on les soumet à quelques examens médicaux. Les statistiques les ignorent ou les considèrent comme des rats de laboratoire. Ce sont des robots biologiques, eux aussi… Tout comme ces hommes auxquels on a promis de l'argent, une datcha, une voiture, des pensions à vie pour toute leur famille, s'ils acceptaient de plonger dans la réserve d'eau lourde de la centrale. Juste sous le réacteur, pour en ouvrir la soupape de vidange. Il y a eu des volontaires. Ils sont parvenus à ouvrir la soupape et on leur a donné sept mille roubles. On a oublié la voiture, la datcha et le reste. On leur a seulement donné sept mille roubles, mais de toute façon ils ne l'avaient pas fait pour l'argent.

**DANS LE MÊME TEMPS**, on envoie des mineurs sous la centrale pour refroidir le réacteur qui continue de chauffer. On a très peur que les températures élevées fissurent la dalle de béton qui forme le socle de la centrale. Le réacteur s'enfoncerait alors dans le sol et le graphite en fusion entrerait en contact avec l'eau des nappes souterraines, ce qui provoquerait une explosion thermonucléaire puis une réaction en chaîne. Vingt fois Hiroshima. On va donc chercher des mineurs de la région de Donietsk, dans l'Est de l'Ukraine, une région de montagnes et de charbon. On leur donne l'ordre de construire un tunnel pour y amener de l'azote liquide dont on pense qu'après évaporation il pourrait figer la terre et le béton pour former un coussin sous la centrale. On me propose de photographier ces hommes. Je refuse. Je ne sais pas pourquoi. À ce moment-là, je juge que ce n'est pas intéressant. J'en ai honte, aujourd'hui. Ils fouillent le sol de Tchernobyl, ils remontent à la surface des chariots de terre. Ils descendent de plus en plus profondément. Ce sont des Ukrainiens, des moujiks, des gens simples

qui ne se soucient pas de leur vie. Comme la chaleur est insoutenable, ils enlèvent leurs protections et leurs masques. La buée les empêche de voir, le plomb les ralentit. Ils posent des rails et on fait venir de petits chariots de mine. On les voit ressortir torse nu du tunnel, poussant les chariots à mains nues, comme des mineurs du XIXe siècle. Ils ne pensent qu'au moment où ils pourront dire à Gorbatchev:
– Notre travail est terminé.

À LA FIN DE L'ÉTÉ, ils finissent le tunnel. À l'automne, la construction du sarcophage s'achève. Je me souviens que le général Tarakanov est venu me trouver, à ce moment-là. On avait décidé de hisser le drapeau de l'Union sur le toit. C'est une obsession du parti, dès les premiers jours qui suivent le 26 avril. Je suis monté dans l'hélicoptère avec un équipage et le précieux drapeau rouge. Mais au moment de s'approcher de la cheminée, de puissants courants d'air emportent l'appareil. Nous risquons de nous écraser contre la centrale et le chef d'équipage décide de rentrer. Mais alors que l'on se pose, il me dit:
– Putain, tu sais quoi, Igor? On a fait quatre ans d'Afghanistan, et on n'a pas une seule photo de nous là-bas… Tu pourrais pas nous prendre maintenant? C'est pour nos familles…
Le lendemain, l'équipage se tue en heurtant le bras d'une grue.
Et dans les jours qui suivent, on finit par hisser un drapeau au sommet de la cheminée. Pour les soldats, c'était comme hisser le drapeau sur le toit du Reichstag, à Berlin.
La radioactivité est enfermée, désormais. Un haut responsable de la liquidation nous réunit tous et commence son discours par ces mots:
– Toute ma vie, je resterai à genoux devant le robot Petia, le robot Vassia, le robot Volodia…
Un murmure traverse la foule. C'est une manière de reconnaître ce que nous sommes, de nous dire la vérité, maintenant que nous sommes peut-être enfin en sécurité. On nous dit qu'il n'y a plus de poussières radioactives qui s'échappe de Tchernobyl. La température va redevenir normale. Dans le monde entier, évidemment, on a des doutes et c'est pour cela que je retourne en hélicoptère photographier le sarcophage, deux mois plus tard. Je prends une belle photo d'hiver.
Le sarcophage est recouvert d'une couche de cinquante centimètres de neige.
La neige tient.
C'est la preuve qui nous manquait.

**On déblaye le terrain (juin-juillet 1986).** Première étape de la construction du sarcophage. Ici, un bulldozer puissant de l'armée pousse vers l'enceinte du futur sarcophage des débris radioactifs.

**La construction du sarcophage (octobre 1986).** Le toit du sarcophage reposera sur vingt-sept poutres d'acier de trente-cinq mètres de long recouvertes de béton. Ici : une grue maniée à distance vient de déposer une nouvelle poutre.

**Dernière étape.** Toutes les poutres sont déjà en place. On peut poser le toit.

**Une prouesse architecturale?** La presse soviétique a beaucoup vanté cette «tanière pour la bête nucléaire». La construction est en effet monumentale: 300 000 m³ de béton, 6 000 tonnes de constructions métalliques.

**Comme sur le Reichstag.** À la fin des travaux, des liquidateurs s'apprêtent à gravir la cheminée de soixante-dix-huit mètres pour y planter le drapeau soviétique. L'un d'eux, Sacha Iourtchenko, salue Igor Kostine qui se trouve à bord d'un hélicoptère.

**« Le peuple soviétique est plus fort que l'atome. »** L'ordre est formel : trois minutes maximum pour monter l'échelle de la cheminée, trois pour fixer le drapeau, et encore trois pour rebrousser chemin. Personne n'avait pris soin de décontaminer la cheminée.

**Le sarcophage sous la neige (décembre 1986).** Selon certains médias occidentaux, le réacteur continue à « bouillonner ». L'agence de presse Novosti demande à Igor Kostine

de prendre quelques clichés du sarcophage sous la neige, preuve tangible de l'efficacité de cette carapace de béton.

**Dans le box des accusés (juillet 1987).** Un procès à huis clos, à Tchernobyl, où la technologie soviétique a été mise hors de cause. Les trois responsables de la centrale ont écopé de dix ans de prison chacun. À gauche, Viktor Brioukhanov, le directeur.

# LE PROCÈS POTEMKINE

## ENTRE PRISES DE CONSCIENCE ET MENSONGES

**JE NE CROIS PAS** qu'une telle catastrophe aurait pu se produire dans un autre pays que l'URSS. Dès le début des années 1980, de petits incidents se sont succédé à Tchernobyl, sans que personne n'en parle vraiment. Les autorités minimisent tout, parlent de réparations, de nettoyage de routine, n'informent personne, et certainement pas la population. En 1982, pendant une opération de rechargement du combustible, le cœur du premier bloc est même endommagé, laissant s'échapper d'importantes doses d'éléments radioactifs. Mais on se contente de travaux bâclés sous prétexte de nettoyer la centrale pour la prochaine visite du secrétaire général du PC ukrainien. En avril 1986, c'est finalement la Suède, inquiète des hausses spectaculaires de la radioactivité sur son territoire, qui force l'URSS à reconnaître publiquement qu'il s'est passé quelque chose à Tchernobyl. C'est ainsi que la population est mise au courant. Mais personne ne dit exactement ce qui s'est passé à la centrale, au moment de l'explosion. On évoque un test de sécurité qui s'est mal déroulé, ce qui est vrai, mais sans remonter aux causes véritables de l'accident ou évaluer sérieusement le nombre de victimes. L'armée garde ses secrets, le régime aussi. Un grand scientifique comme l'académicien Valéry Legassov continue même d'affirmer dans la *Pravda* que le nucléaire est l'avenir énergétique de l'Union et que Tchernobyl n'est qu'un accident mineur et regrettable…
À l'époque, Legassov est le vice-directeur de l'Institut de la physique nucléaire Kourtchatov, qui s'est notamment penché sur l'utilisation des robots pendant la liquidation. Il est venu plusieurs fois à Tchernobyl. Il a beaucoup fait et je le respectais beaucoup. Au début de l'année 1987, je fais un portrait de lui. D'une voix autoritaire et habituée à commander, il me dit qu'il sait exactement comment la photo doit être prise. Dans la petite pièce vide et surexposée qui nous sert de studio, nous nous disputons, comme s'il n'y a rien de plus important que cette photo. Puis il se laisse faire, car c'est quelqu'un qui sait écouter, même s'il n'en a pas l'air. Un mois plus tard, en mars 1987, Legassov est de retour chez lui. Il prend un revolver et en vérifie calmement le bon fonctionnement. C'est un scientifique, un homme scrupuleux. Il le charge lentement, l'arme et se tire une balle dans la tête. Dans le même temps, des manifestations commencent, en Ukraine et en Russie.

**UN MATIN**, on vient arrêter huit personnes chez elles, dont le directeur de la centrale Brioukhanov et l'ingénieur en chef Fomine. Ils sont jetés en prison, mis au secret. On leur confisque leurs lacets et leurs ceintures comme à de vulgaires criminels. Fomine tente quand même de se suicider en brisant un verre de lunettes et en cisaillant ses poignets. On commence par les exclure du PCUS avant d'organiser un procès de quelques semaines, à huis clos, à Tchernobyl, qui se termine en juillet 1987. L'accusation insiste sur l'impréparation du test de sécurité fatal et sur l'absence des responsables à ce moment-là. On rappelle à Brioukhanov qu'au moment de la mise en service du quatrième réacteur il avait déjà négligé certaines vérifications indispensables. À sa décharge, c'était un gestionnaire qui ne cherchait qu'à bien se faire voir par le parti. Son ambition était tout à fait comparable à celle des autres hauts fonctionnaires de l'époque. Il aurait dû demander l'avis de spécialistes. Mais qui le faisait ? Le pouvoir l'avait même décoré de l'ordre de l'Amitié des peuples pour le lancement de ce fameux quatrième réacteur. Au moment de la catastrophe, il s'apprêtait à recevoir l'ordre du Travail socialiste.

Pendant toute la durée des débats, les accusés sont assis côte à côte, nerveux, effacés et maladroits. Ils expliquent qu'ils ne sont pas responsables, qu'ils ont des excuses, mais sans jamais évoquer le régime, la corruption ou la bureaucratie. Ils n'osent pas. Le pouvoir a besoin de boucs émissaires et ils se laissent conduire au supplice sans trop résister. Ils sont condamnés à des peines qui vont de trois à dix ans. Brioukhanov et Fomine sont condamnés à dix ans de réclusion. On les envoie en Sibérie. C'est tout le but du procès : Éviter de trop en parler. Laisser le réacteur sous son sarcophage, mettre des panneaux et des barbelés, ne reconnaître aucun statut particulier aux liquidateurs… Les hommes sont des robots, encore une fois, mais à Tchernobyl, on a vu le communisme commencer à mourir de ses paradoxes.

« Il fallait des coupables. Des boucs émissaires. Tout était joué d'avance. On a ordonné au juge de nous condamner, et il l'a fait. Les véritables causes de l'accident importaient peu. »

Viktor Brioukhanov, directeur de la centrale

**La clôture du procès.** La presse, triée sur le volet, n'a été admise qu'aux séances d'ouverture et de clôture du procès. Ici, quelques caméras de la télévision soviétique attendent avec impatience le verdict qui va tomber.

**Un bouc émissaire.** Viktor Brioukhanov, directeur de la centrale au moment de l'explosion, a purgé sa peine de dix ans de prison. En 1997, à Kiev, lui et sa femme s'interrogent toujours : qui est le véritable coupable ?

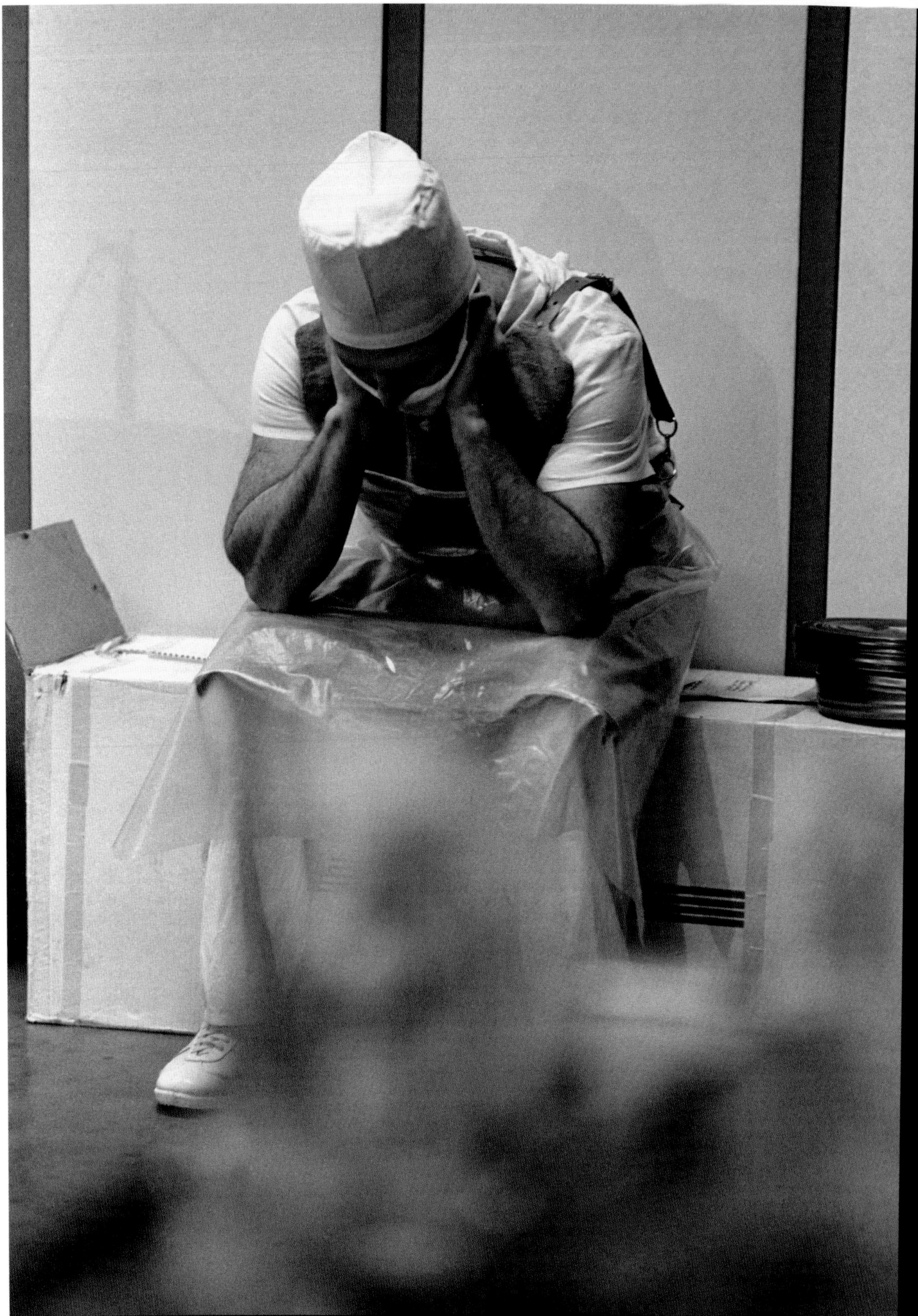

**À la sortie du bloc.** À part les cancers, beaucoup de liquidateurs souffrent de problèmes cardiaques. Ici, un chirurgien prend quelques minutes de repos après une opération à cœur ouvert. Son patient survivra-t-il ?

# LE MAL DES RAYONS

## UNE VISITE À LA CLINIQUE N° 6

**À LA FIN DE L'ANNÉE 1986**, dans une rue de Kiev, je me rends compte que je ne marche plus droit. J'ai l'impression de flotter. Autour de moi, la circulation et les passants vont trop vite. Leur rumeur est un long grognement rythmé par les battements de mon cœur. Au lieu des odeurs habituelles de nourriture, de parfum bon marché et d'essence, j'ai un goût de vomi dans la bouche. Je lutte contre la nausée. J'ai du mal à rentrer chez moi. Depuis plusieurs semaines déjà, je passe mon temps chez les médecins pour des migraines et des troubles digestifs. Le lendemain, je dois me rendre à l'un de ces contrôles médicaux réguliers auxquels tous ceux qui vont à Tchernobyl doivent se soumettre. Quelques jours plus tard j'apprends, avec d'autres, qu'il me faut d'urgence aller à Moscou où les malades les plus graves sont soignés – à la fameuse clinique n° 6, un hôpital militaire. Avec moi, il y a deux liquidateurs, et un réalisateur de films documentaires, Volodia Chevtchenko. On a rendez-vous le 1er janvier à Moscou pour recevoir des soins. Nous sommes très malades. Mais nous repoussons notre départ au 3 janvier, pour passer les fêtes en famille. L'un de nous ne viendra pas : Volodia Chevtchenko est déjà mort.

**À MOSCOU**, on nous fait des transfusions et nous nous sentons un peu mieux. Les symptômes les plus gênants disparaissent. J'en profite pour prendre quelques photos des malades, malgré les interdictions. Je reviendrai plusieurs fois à la clinique n° 6 pour faire des photos. Je rencontre Alexandre, un géant de deux mètres, qui a survécu, je ne sais par quel miracle. Plombier, il était de garde au moment de l'explosion. De l'eau radioactive a giclé dans toute la centrale. Elle formait de petits ruisseaux sur le sol et s'infiltrait partout. Alexandre a eu le bras éclaboussé. Il a seulement pris une serviette et s'est essuyé rapidement. Il aurait dû se laver plusieurs fois le bras, en grattant la peau avec du savon, mais il ne le savait pas. À notre première rencontre, il me montre son bras. C'est un grand garçon, beau et fort, mais son bras n'est plus qu'un os recouvert d'une épaisse croûte. Pourtant il me sourit. D'un sourire où il n'y a pas trace d'un regret ou d'une douleur. Sa voix est joyeuse quand il me raconte le miracle de sa survie.

**DANS LES JOURS QUI ONT SUIVI** l'explosion, un médecin américain, Robert Gale, spécialiste des greffes de moelle osseuse, est venu à Moscou. Les opérations qu'il a effectuées sur les premiers malades de Tchernobyl ont été des échecs. Lorsque Sacha est arrivé à la clinique n° 6, on le donnait pour perdu. Il avait été exposé à des taux de radioactivité qui auraient dû le tuer sur le coup… Examiné par Gale, il subit quand même une greffe de moelle, puis on le place dans une chambre stérile et on attend. Quelques jours plus tard, épuisé par l'opération, il constate pourtant qu'il se sent mieux. Le diagnostic tombe: son état est stationnaire. À ce moment-là, je lui dis que j'ai pris une photo de Robert Gale. Il me supplie de la lui donner: pour lui, Gale est un saint, une icône.

À deux reprises, en revenant à Moscou, je lui rends visite. Sa bonne humeur m'aide beaucoup. Quand je lui demande comment ça va, il me répond toujours que tout va s'arranger. Il aimerait bien rentrer chez lui, dans la banlieue de Kiev, mais les médecins le gardent à Moscou, comme tous les grands irradiés. Ils tiennent à suivre le développement de sa maladie, le comportement de son organisme, pour essayer de comprendre comment il a pu survivre à une telle dose de radioactivité. Finalement, on lui attribue un appartement dans la capitale et on le soumet à des contrôles réguliers…

À LA CLINIQUE N° 6, je suis fasciné par ceux qui, comme Sacha, ont reçu une greffe de moelle osseuse. Le choc de l'opération est terrible. Ils sont si fragiles qu'on doit les préserver du moindre microbe.

Pour plusieurs semaines, le monde autour d'eux devient blanc et stérile, sans bruit, sinon celui des moniteurs de surveillance et des filtres à air, sans odeur ou presque, et surtout dépeuplé. Leurs seuls contacts avec l'extérieur se font par des tuyaux ou des perfusions. Pour faire des photos des malades, on stérilise mes appareils avec un chiffon trempé d'alcool, et je quitte tous mes vêtements pour enfiler rapidement une tunique stérile.

Un médecin m'accompagne pour m'expliquer ce que je vois.

Nous parlons à voix basse, étouffée par des masques. Quand je ressors d'une chambre stérile, le monde me paraît bavard, bruyant, rempli d'odeurs et de mouvements. Un jour, je rencontre l'un des gardiens de nuit de Tchernobyl. Le 26 avril, au moment de l'explosion, il est sorti, alerté par le bruit. Il a regardé au-dessus du quatrième bloc, fasciné par le feu et les projections de poussière. Deux ans plus tard, quand je prends sa photo, ses mains et sa tête sont couverts d'ulcères. Le reste de son corps, en revanche, protégé par les vêtements, est indemne.

**POURTANT, LA MAJORITÉ DES VICTIMES,** je ne les ai pas vues à la clinique n° 6 ou ailleurs, dans les hôpitaux de Kiev ou de Moscou. Je les croise parfois dans les rues et sur les routes d'Ukraine et de Biélorussie. Dans les années qui ont suivi la catastrophe, le nombre de certaines pathologies a explosé. Il n'est pas rare dans un café, à Kiev, de voir une petite cicatrice sur le cou d'une jeune femme qui était enfant à l'époque. C'est la trace d'une ablation de la glande thyroïde, seul moyen à l'époque de guérir le cancer de la thyroïde. En dix ans, en Biélorussie, leur nombre a été multiplié par dix. Le nombre de maladies des yeux, du système respiratoire ou cardiaque a plus que doublé dans ces régions. Sans compter les dépressions nerveuses, les névroses et les paranoïas… Dès les premiers mois, des spécialistes ont aussi étudié le lien possible entre la radioactivité et d'éventuelles mutations génétiques. En 1988, par exemple, une jument, dans la région de Jitomir, a accouché d'un poulain à huit pattes.
Mais il est très dur d'avoir des informations sur le sujet, car les premières années les autorités ont cherché à étouffer l'affaire et à cacher les preuves. Ce dont on est sûr, c'est que les malformations à la naissance sont plus nombreuses : malformations des membres, du foie ou de la colonne vertébrale. Les mutations de l'ADN sont également plus fréquentes chez les enfants d'Ukraine et de Biélorussie que partout ailleurs. La catastrophe est inscrite dans nos corps, dans nos gènes. Elle se transmet. Elle est notre héritage.

« La peau rougie tournait au noir, craquait et se décollait par plaques sanguinolentes. Un cauchemar. J'avais un aérosol qui le soulageait bien. Mais la clinique n'en disposait qu'en quantités limitées. »

Larissa, femme d'un liquidateur

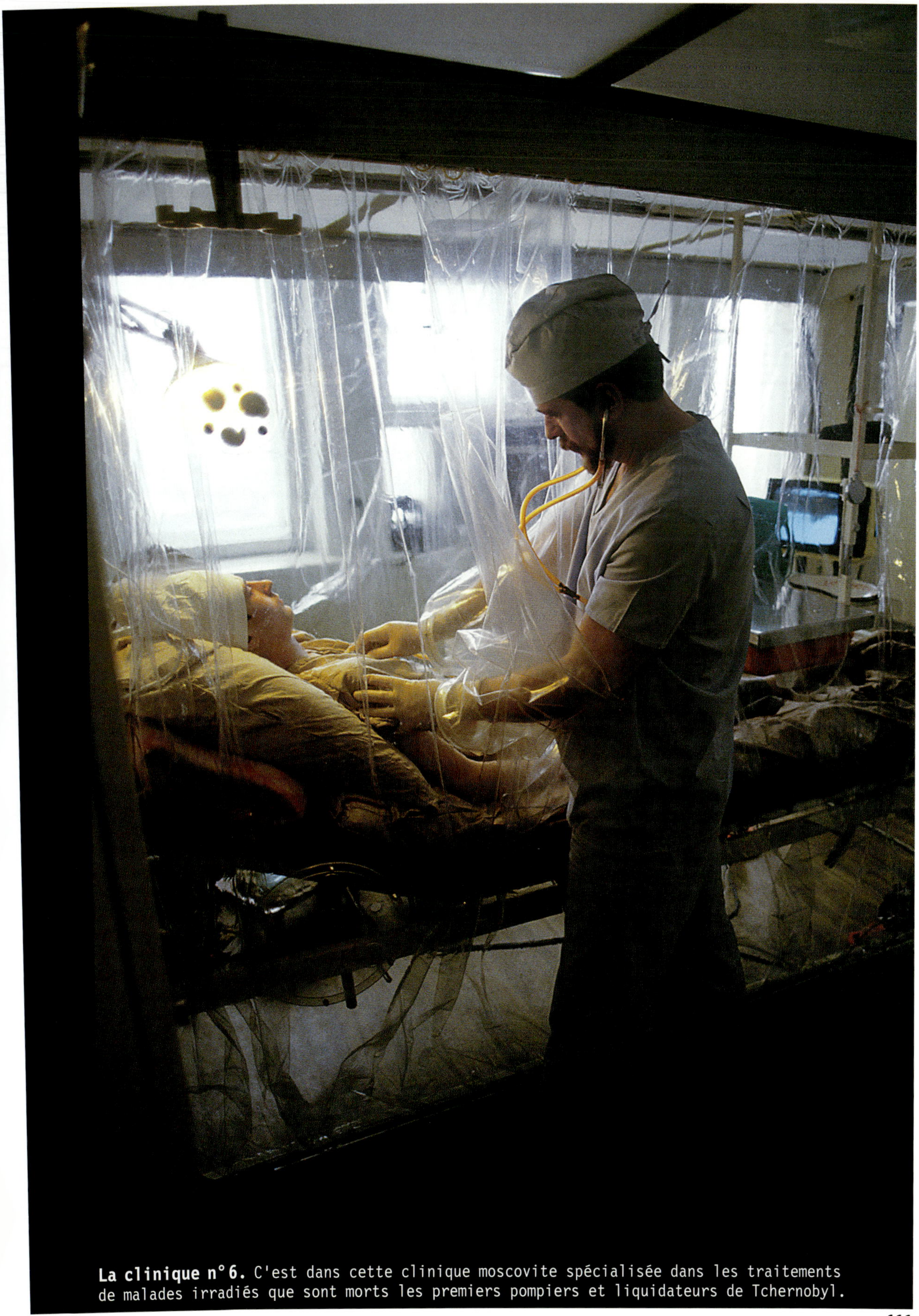

**La clinique n° 6.** C'est dans cette clinique moscovite spécialisée dans les traitements de malades irradiés que sont morts les premiers pompiers et liquidateurs de Tchernobyl.

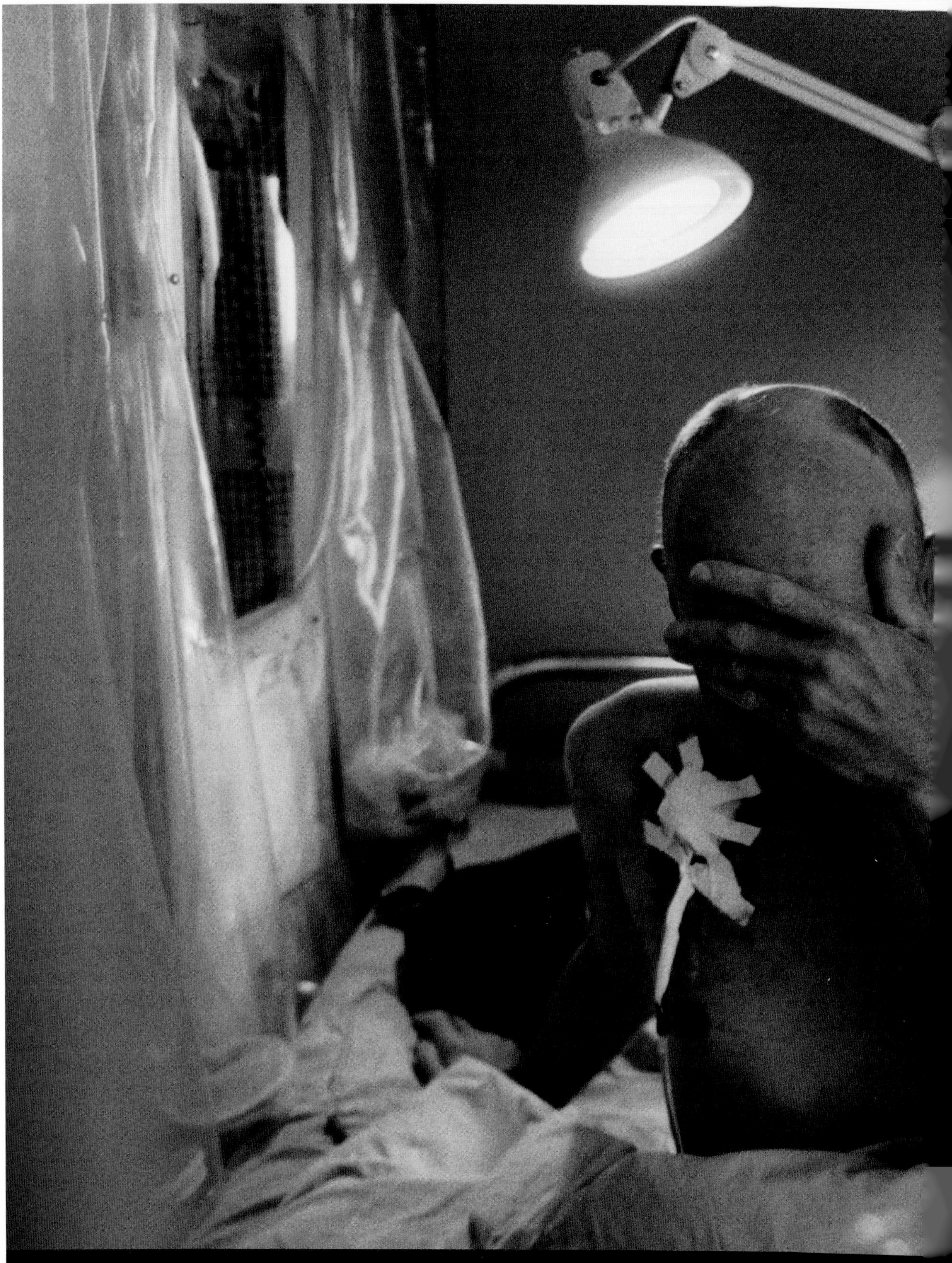

**Peu de greffes réussies.** Comme beaucoup d'irradiés, ce malade soigné à la clinique n°6 a subi une greffe de moelle osseuse. Il sait que la partie est loin d'être gagnée.

**L'enterrement d'un « Chat du toit ».** La famille et les copains dosimétristes pleurent la mort d'Alexandre Goureïev, décédé des suites de l'irradiation à Kiev, en 1988. « Tchernobyl se souvient de toi », lit-on sur la plaque.

**Retour de Robert Gale.** Sept ans plus tard, Robert Gale (à gauche), en visite en Ukraine, salue son ancien patient, le mécanicien de la centrale, hospitalisé à Kiev pour un contrôle. Retrouvailles

d'autant plus émouvantes que seules deux greffes de moelle osseuse effectuées par Gale sur des victimes de l'irradiation à Tchernobyl ont réussi.

**Le cancer de la thyroïde.** Telle est la conséquence la plus fréquente du passage du nuage « tchernobylien ». Ici, un enfant opéré de la thyroïde en 1990, dans la région de Gomel, en Biélorussie, montre sa cicatrice.

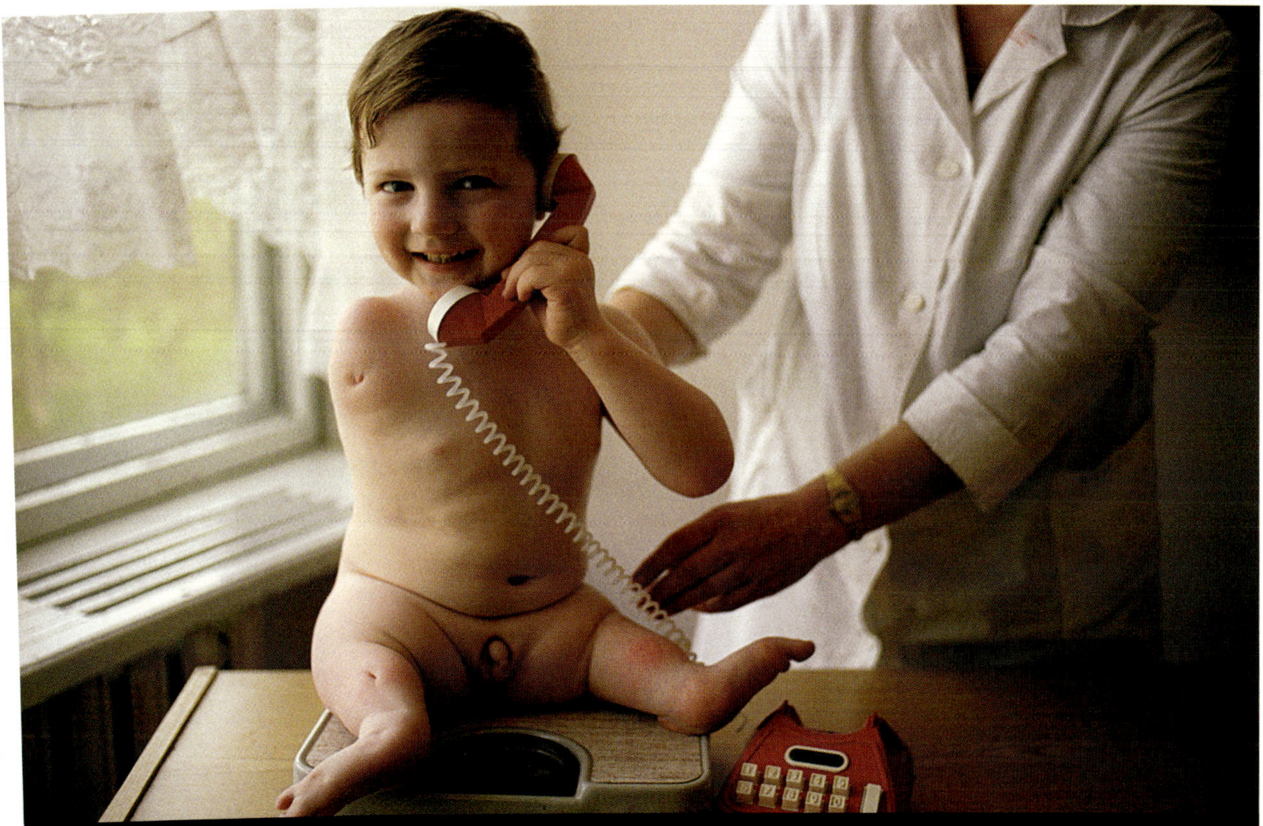

**Une victime de Tchernobyl.** En 1988, Igor Kostine trouve ce gamin dans un orphelinat biélorusse. Après la publication de sa photo par le magazine *Stern*, l'enfant est adopté par une famille anglaise qui le fait opérer et soigner. Il a aujourd'hui dix-huit ans.

**« Tchernobyl, c'est l'irresponsabilité des dirigeants »**, clament les manifestants qui protestent contre l'absence de *glasnost* autour de la catastrophe de Tchernobyl, le 26 avril 1988 à Kiev. On assiste à l'éveil de la colère populaire.

# UN PEUPLE SE RÉVOLTE

## LA CRISTALLISATION DE TOUTES LES COLÈRES

**DANS LES PREMIERS MOIS DE L'ANNÉE 1987**, les rues de Kiev perdent de leur insouciance. Des manifestations s'organisent, d'abord mesurées et silencieuses, puis bruyantes et revendicatives. Les Ukrainiens savent qu'on leur a menti. Chacun connaît une personne touchée par les radiations, déjà morte ou malade. La situation sanitaire s'est dégradée, les pathologies liées à l'irradiation ont décuplé. Lorsque je me promène à Kiev, le pas hésitant et ralenti par la maladie et les traitements, je ne peux m'empêcher de suivre du regard les cortèges en colère, qui se parent des couleurs de l'atome – rouge, jaune et noir – et parfois aussi du drapeau ukrainien, pourtant interdit.
Beaucoup de liquidateurs sont déjà morts. Leurs familles réclament en vain des explications. Au lieu de quoi, on leur interdit de rapatrier les corps qu'on inhume à Moscou dans des cercueils en zinc pour empêcher les radiations de se propager. Les cérémonies sont rapides et bâclées, supervisées par les autorités. Après, on prive les parents d'indemnités ou de retraites particulières – puisqu'il ne s'est rien passé à Tchernobyl. Ou si peu. À l'hôpital, le matin, je vois des infirmiers nettoyer une chambre de fond en comble. Le corps est déjà à la morgue. Dans quelques heures, les familles seront prévenues et ce sera tout.
Le communisme ne prend pas en compte l'individu. Et là, il refuse même de considérer le sacrifice de milliers d'hommes, pour la plupart militaires ou réservistes. Les autorités et l'armée gardent secrètes les listes de victimes et ne donnent aucun détail sur les circonstances de leur mort. Avec le temps, certaines familles parviennent à se faire indemniser, à force de manifestations et de réclamations. D'autres ne le sont pas et ne le seront probablement jamais.
Depuis 1987, tous les ans, les survivants et les familles continuent de se battre et de se retrouver, à l'occasion de commémorations pour la plupart officieuses. On voit des femmes en procession, touchées par une douleur toujours intacte, penchées derrière des bougies qu'elles protègent de la main, le visage à peine éclairé par la flamme fragile. Il y a des murmures, parfois de la musique et des odeurs d'encens et de fleurs.
L'année dernière, au moment de la « révolution orange », j'ai retrouvé tout cela. Les couleurs, les odeurs, le bruit et le rythme de la foule, tout cela vient en partie de Tchernobyl, un de ces moments uniques dans l'Histoire où tout un peuple se rassemble. Moi, j'ai trouvé cette révolution particulièrement « élégante »… Et elle m'a confirmé qu'il s'était bien passé quelque chose à Tchernobyl.

**Une manifestation d'enfants (26 avril 1996).** Pour marquer le dixième anniversaire de Tchernobyl, des jeunes se rassemblent place Sainte-Sophie à Kiev. Ce garçon a dessiné un liquidateur qui sauve un enfant et sa mère, sous la protection des anges.

**La colère gronde.** En août 1989, une marche de protestation se prolonge par un meeting au stade Dynamo de Kiev. Les gens portent des drapeaux aux couleurs nationales – vert (biélorusse), bleu-jaune (ukrainien) et tricolore (russe) – qui ont été adoptés par les mouvements de

libération nationale. On exige de rendre publics les documents secrets concernant la catastrophe de Tchernobyl. Au premier plan, un calicot: «Nous exigeons un procès Nuremberg de Tchernobyl».

**À bas les communistes!** En octobre 1990, des étudiants organisent une grève de la faim dans le centre de Kiev. Ils exigent l'interdiction du parti communiste, la démission du gouvernement, la non-adhésion au «Traité d'Union» (le projet d'une Union soviétique

réformée), ainsi que la fermeture de la centrale de Tchernobyl. Dans les jours qui suivent, un gigantesque défilé a lieu sur le Khrechtchatik, l'avenue centrale de Kiev.

**La salle des turbines du deuxième bloc.** Une explosion s'est produite ici dans la nuit du 11 au 12 octobre 1991, mais peu de gens le savent. Igor Kostine a réussi à s'y rendre immédiatement et ses photos sont la trace unique de cet accident.

# 11 OCTOBRE 1991
## UNE NOUVELLE EXPLOSION

LE TÉLÉPHONE SONNE en pleine nuit. Alla, ma femme, décroche puis me passe le combiné. C'est un de mes amis liquidateurs. Il est à la centrale. Il me parle d'une explosion dans le bloc n°2 et me demande de venir. Alors que je descends du lit et que je commence à m'habiller, Alla m'interroge. Que se passe-t-il ? Pourquoi pars-tu si vite ? Je lui explique qu'un nouvel accident vient de se produire à Tchernobyl mais que je n'en sais pas plus. Pendant que je prépare mon matériel photographique, Alla se lève, s'habille, prend les clefs de la voiture et m'attend debout devant la porte d'entrée. Je la serre fort dans mes bras et lui promets de l'appeler dès mon arrivée. Elle tremble de peur. Elle ne veut pas que je parte. Elle me supplie de rester. Je pose ma main sur sa joue et essuie ses larmes avec mon pouce.

– Non, nous en avons déjà parlé. Tu sais que je dois y retourner.

– Alors je t'accompagne. Je préfère mourir irradiée que de tourner en rond dans cet appartement à t'attendre.

Nous approchons des premiers barrages de la zone interdite qui entoure la centrale de Tchernobyl, et je me demande encore pourquoi j'ai accepté qu'Alla vienne avec moi. Au poste de contrôle, il règne une effervescence inhabituelle. Les miliciens sont nerveux.

On lit de la fatigue sur leurs visages. On lit aussi beaucoup de peur et d'interrogations. Je m'avance, baisse ma vitre et montre mon laissez-passer au milicien. Après l'avoir contrôlé, il me le rend et tend la main pour avoir celui d'Alla. Nous savions que c'était risqué et qu'il est difficile d'entrer dans la zone sans autorisation, mais cette nuit, c'est tout simplement impossible. Les ordres sont clairs. Personne ne doit entrer dans la zone sans laissez-passer. Il en va de la sécurité de l'État. J'essaie de parlementer avec les miliciens, mais mes efforts sont vains. Alla ne peut m'accompagner plus loin.

EN FRANCHISSANT LE CHECK-POINT, je jette un dernier regard vers la voiture. Alla est assise à l'avant. Elle ne bouge pas.

Elle m'attend. Nous sommes le 12 octobre 1991, le jour se lève et je suis devant le bloc n°2. Je croise des silhouettes familières, avec des casques de mineur, des masques à gaz, des combinaisons sombres.

Je reconnais le bruit étouffé de leur lourde démarche. J'entends leur respiration difficile, je vois dans leurs yeux la tranquillité des bons ouvriers et des bons soldats, ainsi qu'un peu de peur, un tout petit peu. La peau me démange furieusement. Je me dirige vers un groupe d'employés. Certains me reconnaissent. Je leur demande ce qui se passe.

Rapidement, ils m'expliquent qu'un opérateur a commis une erreur et qu'un début d'incendie s'est déclenché dans le bâtiment. Le toit a été soufflé par l'explosion, mais heureusement, il n'y a pas eu de fuite de matières fissiles. Le réacteur n'a pas été touché. Pendant quelques heures, on a craint que la catastrophe ne se répète. Mais l'accident est désormais maîtrisé et le bloc mis hors service.
Je me rends bien compte que les choses n'ont pas changé. La centrale n'a pas été reconstruite ou réaménagée. C'est toujours le même paysage industriel fatigué dans lequel se pressent de petits groupes d'hommes habillés des mêmes vêtements blancs. Rien n'a été fait pour améliorer le confinement des réacteurs. En cas d'explosion, les risques de projection de poussières radioactives dans l'atmosphère sont les mêmes. Mes photos montrent les mêmes murs gris, plus vieux de cinq ans. La radioactivité est là, le «mal noir» a fait son œuvre. Les ombres de 1986 sont partout. J'ai l'impression de visiter le château de la Belle au bois dormant. Je prends des photos, je m'assure que tout ceci n'était qu'une alerte sans conséquence grave et je repars vers le check-point où Alla m'attend.
Les miliciens ont pris soin d'elle et l'ont déjà informée que tout danger était écarté. Le trajet du retour est animé, nous bavardons, nous rions comme deux gamins, heureux d'être ensemble, heureux d'être en vie.

QUELQUES SEMAINES PLUS TARD, je décide de retourner à Tchernobyl. Je pense avoir tout vu de la centrale, je pense bien la connaître, mais il me manque encore une chose. Un voyage. Je veux aller voir l'épicentre de l'explosion, c'est-à-dire le cœur du quatrième réacteur qui se trouve quarante mètres sous terre. Je ne peux m'y rendre seul. L'ingénieur Reichtmann m'accompagne. Il a participé à la liquidation et il est resté en poste à la centrale, après. Une fois en bas, mes yeux se posent sur un endroit où l'homme n'est jamais revenu depuis cinq ans. Les murs ont une couleur étonnante. Une couleur lunaire. Engoncé dans mes vêtements plombés, je suis un cosmonaute. J'actionne frénétiquement mon déclencheur. Je m'avance entre les décombres, je veux tout voir.
– Casse-toi de là, bon sang ! Igor, réveille-toi !
Reichtmann a fini par hurler. Mais je suis comme paralysé. Plus rien d'autre ne m'habite que ce que je suis en train de prendre en photo. Je ne pense plus à rien. Il me traîne en arrière. Plus tard, il m'aide à me déshabiller et me pousse sous la douche. Nous nous frottons le dos comme deux liquidateurs.

**Limiter les dégâts.** Heureusement, il n'y a pas eu de fuite de matières fissiles à la suite de cette violente explosion. Cependant, il faut arroser les débris pour faire retomber la poussière métallique.

**Dans les décombres.** Après l'explosion, il faut vite nettoyer la salle de toute cette masse de métal tordu et de débris en tous genres. Deux ouvriers préparent un tas de débris à être emballé dans un sac en plastique.

**De l'humour, toujours et partout.** Le toit a été soufflé par l'explosion, mais les ouvriers ont posé une affiche humoristique: «Ne travaille pas dans un local mal éclairé!» Ils sont en train de préparer des sacs remplis de débris avant de les évacuer.

**Comme des fourmis.** Des ouvriers enlèvent des morceaux de constructions métalliques qui sont tombés sur la surface d'une gigantesque turbine. Après cet incident qui a failli dégénérer en catastrophe majeure, le deuxième bloc fut définitivement mis hors service.

**Un guide intrépide.** Le nouvel accident a donné à Igor Kostine envie de descendre sous le sarcophage. Et pour réaliser cette descente, il n'y a pas de meilleur guide que Gueorgui Reichtmann, un ingénieur de la centrale qui en connaît tous les recoins, au point qu'on avait

baptisé le quatrième bloc détruit, avant la construction du sarcophage, «le reichtmatorium». Ici, Reichtmann contrôle le niveau de radiations dans un local du quatrième bloc, avant de poursuivre son parcours avec Igor Kostine.

**Sous le sarcophage.** On est à quarante mètres sous la terre, dans l'épicentre de l'explosion fatidique du quatrième bloc. Gueorgui Reichtmann est en train de mesurer la radioactivité: sous le cœur du réacteur endommagé, chaque pas peut être fatal.

**Le barrage, 1989.** Le village Mirnoïe, qui se trouvait à soixante kilomètres de la centrale, vient d'être évacué. Un milicien installe un barrage. Désormais, cette route ne mène nulle part.

# LA ZONE INTERDITE

## UN PÉRIMÈTRE DE SÉCURITÉ AUTOUR DE LA CENTRALE

**JE ME PROMÈNE DANS LA ZONE** contaminée autour de Tchernobyl. Contrairement aux premiers jours qui ont suivi la catastrophe, ce n'est pas un paysage d'apocalypse. La nature semble reprendre progressivement ses droits. Les arbres ont parfois des feuilles d'une couleur étonnante, mais c'est tout. Sinon, l'odeur d'humus et d'herbe prédomine, comme dans toute la campagne ukrainienne.

Rien d'inquiétant, donc. Mis à part ces panneaux, ces grilles et ces contrôles miliciens qui ferment l'accès à la zone, à trente kilomètres de la centrale, ou plus ou moins. Le tracé de la frontière entre terres contaminées et saines (ou plus saines) est fortement irrégulier, presque aléatoire. La contamination se moque des barrières de barbelés installées par l'armée. Tout comme certaines personnes âgées qui sont revenues s'installer dans leurs maisons, quelques mois à peine après la catastrophe. Elles me reconnaissent et, comme à l'époque, elles m'offrent à manger, du lard et des champignons, m'invitent à la chasse. Ces gens vivent là depuis plusieurs années maintenant, absorbant des doses quotidiennes de radioactivité par la nourriture, l'air, les pluies, le bois. Les cultures sont officiellement interdites, mais près des maisons en mauvais état, dont la plupart sont abandonnées, on voit de petits potagers exubérants et colorés. Les panneaux « Haute Radiation » n'effraient personne. Des enfants jouent dans les cours. On leur déconseille juste de se promener dans les bois où la radioactivité est plus élevée que dans les champs. La plupart des habitants paraissent en bonne santé, bien qu'ayant reçu des doses de radiations massives. Certains sont morts pour moins que cela.

**SUR LA ROUTE DE PRIPIAT**, je tombe sur un arbre, un pin dont la forme est anormale. Comme d'autres conifères, il a repris par la tête et l'extrémité des branches. On dirait une croix. On me raconte que sous l'occupation, les Allemands en avaient fait un gibet pour les résistants. Je prends plusieurs photos de l'arbre. Je cherche longtemps la meilleure lumière, le meilleur moyen de capter la vérité de cet arbre. Il faudra revenir.

Quelques années plus tard, l'arbre est tombé tout seul. Il s'émiettait de plus en plus dès qu'on le touchait. Il était devenu trop faible pour résister aux pluies et aux vents.

**Un arbre qui n'est plus.** Pendant la Seconde Guerre mondiale, ce pin était utilisé par les Allemands pour y pendre les condamnés à mort. Il est devenu un symbole de la lutte contre le nazisme. Quelques années après l'explosion de la centrale, il tombera tout seul.

**Une expérience botanique,** été 1986. Des liquidateurs en tenues de protection contre la guerre chimique, inadaptées pour protéger contre les radiations, et portant des respirateurs surnommés « museaux de porcs », mesurent, à l'aide de compteurs archaïques, les niveaux de

radiations dans un champ irradié situé dans la zone interdite de trente kilomètres. Ces jeunes pousses ne seront pas récoltées, mais permettront aux scientifiques d'étudier les mutations génétiques des plantes.

**Le lac artificiel (juin 1986).** Situé à côté de la centrale, il sert de réservoir d'eau pour le refroidissement des turbines. Les radiations ont rendu beaucoup de poissons anormalement

gros et « flegmatiques ». Ils ont été rejetés sur la rive et se laissent attraper à mains nues. Ici, un dosimétriste mesure le niveau de radiation des poissons morts.

**Le village évacué de Tatsenki dans la zone interdite de trente kilomètres.** Un liquidateur appartenant aux troupes chimiques, en tenue de protection avec un masque à gaz, mesure la radioactivité dans une maison abandonnée.

**Un contrôle de routine.** Un dosimétriste mesure la radioactivité sur une route qui mène à la ville de Tchernobyl évacuée, le 5 mai 1986. On a beau décontaminer, après chaque jour venteux, tout est à recommencer.

**Une drôle d'évacuation.** Au-delà des trente kilomètres de zone interdite, on évacue également des villages, car leur sol est contaminé. Un milicien installe un barrage

pour interdire l'accès à une localité près de Jitomir, mais à côté, un tracteur laboure la terre en soulevant des poussières radioactives…

**Seules les cigognes vivent ici**. Une vue du village Mirnoïe, quelques années après l'évacuation. Le nid de cigognes est bien plus bas que d'habitude. Elles n'ont plus rien à craindre des hommes.

« Je ne suis pas allé à la guerre, mais j'avais le sentiment de quelque chose de connu… Impossible de dire d'où cela venait, mais c'était lié à la mort… »

Oleg Vorobeï, liquidateur

**Sans intérêt pour les pillards.** Dans les villages évacués, les pillards emportent tout ce qui représente la moindre valeur. Ils n'ont pas de scrupules et vendent au marché des meubles

et des objets « sales », radioactifs. Les icônes de cette maison sont de simples imprimés sans intérêt pour eux.

**Une messe à Tchernobyl.** La seule église de la zone interdite est fréquentée par les personnels qui travaillent dans la zone, les « récalcitrants » qui refusent de partir et les évacués qui reviennent pour visiter les tombes de leurs proches.

**Un rêve prémonitoire.** Maria Primatchenko, grande peintre «primitive» ukrainienne, se tient sur le seuil de sa maison à Bolotnia, en bordure de la zone interdite. Elle a fait un rêve de l'incendie de la centrale et l'a peint juste avant l'accident.

**Un poulain à huit pattes.** Entre 1988 et 1990, un pic de naissances d'animaux-monstres a lieu près de Jitomir, une région particulièrement touchée par l'irradiation.

Igor Kostine a envoyé des photos de ces mutants, qui ne restaient en vie que quelques heures, au président Gorbatchev. Il n'a obtenu aucune réponse.

« Les vêtements et les denrées alimentaires étaient disposés les uns à côté des autres : des costumes, des robes, du saucisson, de la margarine. Les aliments n'étaient même pas couverts de plastique. Nous mesurions le saucisson, les œufs : c'étaient des déchets radioactifs. »

Marat Philippovitch Kokhanov, ancien ingénieur en chef de l'Institut de l'énergie nucléaire de Biélorussie.

**Les adieux.** Un groupe de journalistes italiens visite un village évacué où quelques vieilles personnes sont restées. En guise d'adieu, ces gens démunis donnent à chaque visiteur un sachet de graines de tournesol – c'est tout ce qu'ils ont à partager.

**La grande roue de Pripiat.** Le parc d'attractions de Pripiat, la ville morte, restera à tout jamais un symbole puissant d'une « vie liquidée ».

**Un Luna-Park fantôme (printemps 1992).** La ville de Pripiat, l'une des plus «jeunes» de l'URSS, comptait dix-sept mille enfants, qui prenaient un plaisir fou à rouler dans ces autos tamponneuses. À l'époque, cette attraction était rare en URSS.

**Un rêveur.** Que faire sinon rêver, quand on est sentinelle au poste de contrôle à l'entrée de Pripiat? En cet été 1991, le compteur, qui a pris la place de l'horloge, indique le niveau de radioactivité: 171 microröntgens/heure.

МКР
ЧАС

**Pripiat, une ville morte sous la neige (1987).** Cette ville modèle de quarante-sept mille habitants a été construite dans les années 1970 pour loger le personnel de la centrale.

Ces immeubles resteront inhabités pendant longtemps: la ville a été contaminée aux isotopes de plutonium dont la durée de vie est de quarante-huit mille ans.

**Un terrible gâchis.** On apprenait aux Soviétiques à éviter le gaspillage de la «propriété socialiste». Mais à Tchernobyl les engins devenaient vite radioactifs. Ici, un militaire installe un panneau d'avertissement près d'un site d'engins abandonnés.

# LE CIMETIÈRE DES MACHINES

## DES POUBELLES NUCLÉAIRES À CIEL OUVERT

**JE MONTE DANS L'HÉLICOPTÈRE**, mon matériel avec moi. Deux appareils, comme d'habitude, que je vérifie patiemment, et des pellicules neuves. Le bruit familier des rotors étouffe mon début de conversation avec le pilote. Nous survolons la zone contaminée dont les couleurs sont presque naturelles. Nous distinguons quelques silhouettes humaines et animales, paisibles. Nous croisons beaucoup d'oiseaux, des cigognes et des grues grises notamment, qui avaient pourtant disparu de la région dans les années 1970.

Ce jour-là, alors qu'un vent frais balaie la cime des arbres, j'ai décidé de prendre des photos de la plus grande des huit cents poubelles nucléaires de la zone. Le site de Rossokha est bourré d'engins de chantier, de camions, de véhicules en tout genre qui ont été utilisés pendant les opérations de liquidation. Tous ces matériels ont été regroupés et laissés sur place, après avoir vaguement creusé des fosses. Les autorités ne les ont pas répertoriés, ni localisés, mais qu'importe : on les voit de loin. D'après mes informations, on estime à un million de mètres cubes l'ensemble du matériel abandonné. Sur la gauche, je devine quelque chose. Je fais un signe au pilote qui dirige l'hélicoptère vers le monticule chaotique baigné d'une lumière inhabituelle, d'un halo étonnant. Ce n'est pas le soleil : à cette heure-ci, il n'est pas encore en train de se coucher. Bien que je sache que la radiation n'émet pas de rayonnement visible, j'ai l'impression que cette étrange lumière émane du monticule lui-même. Le dosimètre crépite de plus en plus. La radioactivité près de ce cimetière est terrible. Il est interdit de s'en approcher au sol. Si l'on essaie, on en meurt. Nous longeons des carcasses d'hélicoptères, de voitures blindées, de camions de pompiers sur plus de dix kilomètres. J'ouvre le hublot, je me penche. Je prends ma photo. En période d'inondation ou de fortes pluies, les particules radioactives sont charriées vers les rivières environnantes. Les digues sont insuffisantes et auraient besoin d'être renforcées. Les isotopes radioactifs se diffusent également – lentement mais sûrement – à travers les sols vers les nappes et les sources souterraines. La rivière Pripiat est menacée. On a pensé à en détourner le cours pour lui faire contourner la zone contaminée, mais les fonds ont manqué. Le risque est pourtant majeur car cet affluent du Dniepr coule vers Kiev et l'alimente en partie en eau potable.

Je fais signe au pilote. Je n'ai plus de pellicule. Inutile de s'attarder. Nous prenons le chemin du retour. Je ne jette même pas un regard au cimetière des machines.

**Des camions à perte de vue (1992)**. Après les premiers mois, on n'enterrait plus les engins, on les abandonnait. Ici, le site de Rossokha est le plus grand cimetière des engins militaires de la zone interdite.

**Un enterrement «civilisé».** Cette fosse destinée au stockage d'engins contaminés est entourée d'une muraille de protection. Elle sera ensuite recouverte d'une dalle de béton et d'une couche de terre. Mais ce type de cimetière était très rare.

STOP

**Une négligence criminelle.** La plupart des fosses destinées au stockage d'engins contaminés sont peu profondes, démunies d'isolants et laissées à l'air libre. Il s'agit d'une négligence criminelle: les pluies qui tombent sur ces fosses emportent avec elles des particules

radioactives qui contaminent la nappe phréatique et le bassin de la rivière Pripiat, un affluent du Dniepr.

La fosse (vue générale).

**Où sont les moteurs volés ?** Des centaines de camions, de chars et d'hélicoptères se trouvent à Rossokha, mais malgré les barbelés qui entourent le site, il n'en reste que des carcasses vides. Des voleurs ont emporté et recyclé tout ce qu'il y avait à vendre.

**Un retour non autorisé (printemps 1987).** Un an après la catastrophe, une femme âgée décide de rentrer chez elle, dans la zone interdite. « Je suis née ici, je mourrai ici », affirme-t-elle à Igor Kostine.

# RETOURNER À TCHERNOBYL

## « JE SUIS NÉE ICI, JE MOURRAI ICI »

**À CHAQUE VOYAGE** il me faut toujours plus de temps pour m'en remettre. Le pire, ce sont les villages. Il ne reste pas grand-monde, ici, dans la zone interdite. Les maisons abandonnées s'effritent, et s'effondrent, très rapidement. Quand une maison, même une très vieille maison, est habitée, elle tient debout. La force de l'homme se transmet à la maison. Il y a beaucoup de villages abandonnés en Ukraine, en Biélorussie, et même en Russie. Dans certaines maisons, je rentre sans trop savoir pourquoi. C'est comme violer la tombe de ceux qui l'ont habitée. Le sentiment que j'éprouve alors est indicible. Les gens ont laissé des icônes accrochées aux murs, et puis toutes leurs affaires en désordre. C'est un chaos indescriptible, mais beau. Quand je prends le temps de m'asseoir un moment, je retrouve même l'odeur de ceux qui ont quitté la maison. Puis je ressors, épuisé. Plus je visite de maisons abandonnées et plus je suis malade quand je rentre à Kiev.
Je me raccroche à tout ce qui est vivant ici. Aujourd'hui, dans la zone contaminée de Tchernobyl, il y a beaucoup de grands animaux: des chevaux et des vaches sauvages. Et puis des rongeurs, des insectes et des oiseaux qui sont revenus après l'explosion. Et même des espèces en voie de disparition ont réapparu. Des loups et des lynx, notamment – trop heureux du départ précipité de leur prédateur: l'homme. Et contrairement à lui ils semblent s'adapter à la radioactivité. Quelques maladies et mutations génétiques mises à part, bien sûr.

**QUELQUES MILLIERS DE PERSONNES** ont choisi de revenir dans les zones interdites à l'habitation. On les appelle des *Samosioly* («ceux qui se sont installés d'eux-mêmes»). Ils chassent pour manger et cultivent un petit potager. Tout cela est radioactif, bien entendu. Mais on ne leur apporte que très rarement de la nourriture de l'extérieur. J'aime les voir vivre simplement. Leur voix, leur chaleur, tout respire la région telle qu'elle était avant la catastrophe. J'y retourne souvent, et je sais que cela leur fait plaisir. Malheureusement, cette fois, les médecins m'ont averti avant de partir: c'est la dernière fois, je ne dois plus y aller, je ne dois plus prendre un milli-röntgen de plus. J'en ai déjà trop pris. Mais je sais que j'y retournerai car c'est mon travail. Tous m'attendent dans la zone, bien que je finisse toujours par refuser de chasser. Je ne peux pas tirer sur un animal. Parfois, quand les conversations sont graves, j'entends ces mots terribles à propos d'eux-mêmes: «Nous vivons dans un cercueil.» Abandonnés, inutiles, oubliés de l'autre côté des barbelés.

Mais tous répètent qu'ils préfèrent vivre ici plutôt qu'ailleurs, dans les villes où on les a relogés à la hâte en 1986-1987. Ici, l'air est pur, pas de gaz d'échappement, pas de pollution, disent-ils. En ville, ils avaient l'impression d'étouffer dans leurs HLM. Ils se sentent mieux, ici, à vivre comme ils ont toujours vécu, à creuser la terre, à planter des tomates et ramasser des champignons dans la forêt. Et puis, au moins, ici, personne ne les embête, mis à part quelques scientifiques qui tentent de leur expliquer que c'est dangereux. Mais ce n'est pas grand-chose, ils sont habitués. À Kiev, où beaucoup de gens ont été relogés, on ne les a pas accueillis à bras ouverts. On les a accusés d'être radioactifs. On avait peur d'eux. Et en plus, on les jalousait car ils n'avaient pas fait la queue pour leur logement. En URSS, on faisait la queue pour tout.
Quelques années plus tard, certains sont finalement revenus ici. Les miliciens les ont laissés passer. Les maisons étaient presque en ruine, les fenêtres condamnées, tout avait été volé à l'intérieur. Certaines avaient disparu, enterrées. Mais ils étaient de retour chez eux, et ils ont retapé leurs fermes et leurs isbas délabrées.

EN RUSSIE, dans la région de Briansk, des familles entières habitent encore leurs maisons. Quelques heures de voiture ou quelques minutes d'hélicoptère suffisent pour s'y rendre.
Je prends avec moi un dosimètre, par curiosité. Je constate que la radioactivité est trois cents fois plus élevée que la norme autorisée. Et de tout petits enfants y vivent. Les autorités ne réagissent pas. Même chose en Biélorussie, dans la région de Gomel : des familles entières abandonnées derrière les barbelés. Ils mangent ce qui pousse sur leur lopin de terre contaminé. Ils vivent tout simplement, en oubliant leur situation dramatique. Le soir, en rentrant à Kiev, je ne trouve pas le sommeil, entre mes draps propres, dans ma chambre bien rangée.

« La maîtresse a dit : "Dessinez la radiation." J'ai dessiné une pluie jaune… Et une rivière rouge… »

Ioulia Taraskina, quinze ans

**Le bric-à-brac d'une vie abandonnée.** Un village évacué de la zone interdite. Les enfants ont l'habitude de poser leurs poupées sur les rebords de fenêtres. Mais ni cette poupée, ni cette bouilloire ne serviront plus.

**Quand on n'a pas les moyens pour commencer une vie nouvelle.** L'État soviétique a proposé le relogement aux populations rurales de la région de Jitomir. Mais cette femme a préféré rester chez elle, pour continuer à vivre de son exploitation.

**Sous un portrait de Brejnev.** Cet homme, qui a refusé de quitter son village lors de l'évacuation, est en train de manger son repas solitaire : des pommes de terre, du pain et de la vodka. La rumeur veut que la vodka protège contre les radiations !

**Une irradiation à petites doses.** La récolte a été bonne malgré la contamination du sol au césium-137. Tout le long de l'année, cette femme consommera au quotidien des isotopes radioactifs.

**Le compteur Geiger qui s'affole.** Cette mère est consciente du danger, mais ne veut pas quitter son village près de Jitomir. Elle n'a pas un métier qui lui permettrait de gagner sa vie ailleurs. Et un potager ne pousse pas en un clin d'œil.

**Réserves pour l'hiver.** Les pommes de terre sont la nourriture principale dans les régions les plus frappées par la catastrophe de Tchernobyl. Qu'elles soient contaminées ou non, on en mangera tout l'hiver.

**Un choix difficile.** L'État n'a pas été tendre avec les « récalcitrants ». Pendant plusieurs années, ils ont vécu sans électricité, sans magasins, sans aide médicale. Et pour acheter quelques provisions, il fallait marcher dix ou vingt kilomètres.

**Le bonheur est dans les prés.** Les coquelicots poussent bien dans la zone interdite. Leur couleur est même en harmonie avec celles des panneaux qui indiquent que le champ est contaminé.

# L'ATOME EN HÉRITAGE

## LES MIRAGES DU JARDIN D'ÉDEN

DE MON DERNIER VOYAGE à Tchernobyl, je rentre avec de belles images et de belles photos. J'ai marché dans la campagne autour de Tchernobyl avec mes appareils. Quand je suis arrivé pour la première fois ici, tout était dévasté, c'était l'apocalypse. Les animaux avaient fui ou étaient morts. Je m'approche du bassin de refroidissement de la centrale, un grand lac artificiel de vingt-deux kilomètres carrés. Un employé me montre du doigt, sans dire un mot, de grandes ombres sous la surface: des poissons-chats, dont certains font plus d'un mètre de long.
J'ai beau avoir été averti de leur retour dans l'eau hyper-contaminée du bassin, je suis impressionné. Des scientifiques en ont pêché quelques-uns pour étudier les effets de la radioactivité.
Ils se sont rendu compte que les chairs sont saines, seul le squelette est contaminé. L'employé à côté de moi leur jette des miettes de pain et les regarde se battre. J'esquisse un sourire et je le quitte, laissant ces bruits d'eau inoffensifs derrière moi.

EN ALLANT SUR LES ROUTES, je croise toutes les espèces animales qui peuvent vivre sous ces latitudes, et en grand nombre. L'évacuation des hommes a transformé la zone en une étrange réserve naturelle où les animaux sauvages semblent plus protégés qu'ailleurs, alors que pourtant ils subissent parfois des irradiations dix fois ou cent fois plus fortes que la normale. Le départ de l'homme a contrebalancé les effets négatifs des rayons ionisants. Finalement, le pire accident nucléaire est moins nocif que la chasse ou la pêche. Plus tard, dans la journée, une conversation avec l'un des responsables de la centrale me le confirme. Je lui raconte que des chasseurs ont évoqué devant moi des sangliers de plus de trois cents kilos.
Je lui demande si c'est dû aux radiations. L'autre se met à rire. Non, ce ne sont pas les radiations, ce sont juste de vieux sangliers! Parce qu'ici, à Tchernobyl, les animaux vivent plus longtemps qu'ailleurs et ils ont le temps de grossir. Leur habitat les expose certes aux radiations, mais dans l'ensemble ils vivent bien. C'est le paradis sur Terre. Nous rions encore. L'humour et la bonne humeur sont nos meilleures armes. Elles l'ont toujours été ici. Avec les liquidateurs, l'ambiance était joyeuse, détendue. Nous faisions des blagues sans arrêt, comme si la catastrophe dans laquelle nous étions plongés n'existait pas vraiment, comme si tout cela n'était qu'une vaste plaisanterie.

**C'EST MON DERNIER VOYAGE** à Tchernobyl et j'ai du mal à partir. Si on me demande un jour de revenir, je reviendrai, j'en suis sûr. Mais pour l'instant, comme on ne sait jamais, je fais comme si c'était la dernière fois. Je m'imprègne des odeurs de terre humide qui émanent des champs devenus prairies. Je longe des forêts dans lesquelles mon regard a du mal à trouver la trace des anciens sentiers de promenade. Je ramasse une feuille, puis une autre. Un fruit. Le paysage est banal et beau. Les hésitations de la nature irradiée sont rarement visibles. Est-ce que leur ADN a été modifié? Est-ce que ce sont des plantes nucléaires? Des mutants? De loin, cela ressemble vraiment à une réserve naturelle, peut-être pas la plus belle d'Europe, mais la plus étrange au monde.
Plus loin, je croise des hommes qui travaillent dans de petits vergers privatifs. La lumière tombe à la verticale des fleurs, très blanches. Il y a peu de vent, il fait chaud. Les hommes discutent entre eux, c'est un jour comme les autres. Soudain, il me paraît évident qu'il manque quelque chose. J'ai l'impression que tout ceci est faux, artificiel. Je m'arrête pour regarder autour de moi. Je respire profondément l'odeur humide qui est partout, et je comprends. Je ne sens pas le parfum des pommiers pourtant à quelques mètres de moi. Je marche vers un groupe de lilas en fleur, sachant que ces arbustes-là dégagent au début de l'été des senteurs très fortes et très reconnaissables. Et pourtant rien. Je ne sens rien. Je recule de quelques pas. La tête me tourne. Suis-je malade? Ai-je perdu l'odorat? Ou bien suis-je au milieu d'un décor où tout est faux? Je ne peux répondre, mais je sens que le mal est bien là. Pour des milliers d'années.
Je ramasse mes appareils et je prends une dizaine de clichés encore. Tant que je suis en vie, je continue à prendre des photos de Tchernobyl.

**Des marais interdits.** Un paysage idyllique de la région autour de la centrale: forêts, prés, rivières. Mais le panneau nous ramène à la réalité: «Radioactivité. Zone dangereuse! Pâturage, fauchage, cueillette de champignons et de baies interdits.»

**L'arrivée du printemps.** Juste après l'explosion, la nature a été particulièrement luxuriante. La radioactivité accroît la puissance de la nature qui devient tentaculaire. Ici, un verger en fleurs dans la région de Tchernobyl.

**Les pommes de Tchernobyl.** Une blague populaire de l'époque: Au marché, une femme crie: «Achetez mes belles pommes de Tchernobyl!» Un homme la raisonne: «Mais arrêtez de crier

cela ! Sinon, personne ne vous achètera vos pommes. » La femme réplique : « Détrompez-vous ! On m'en achète pas mal : qui pour sa belle-mère, qui pour sa femme… »

**Une voiture abandonnée.** Pour ses propriétaires, cette voiture représentait une fortune. Ils ont dû la laisser lors de l'évacuation, car le métal « absorbe » facilement la radioactivité.

Mais le signe de danger radioactif fixé à sa portière n'a pas effrayé les voleurs: il ne reste plus grand-chose sous le capot.

**Jadis c'était une route.** Quelques années auparavant, ces champs étaient cultivés, et des voitures et des tracteurs empruntaient cette route. Désormais, seuls ces panneaux routiers attestent qu'une route passait bel et bien par là.

**Réponse soviétique à la «guerre des Étoiles».** C'était un radar hyper-puissant destiné à détecter les lancements de fusées balistiques intercontinentales effectués par l'OTAN. La station - dont la grande antenne mesure 150 mètres de hauteur et la petite, 90 mètres,

et dont la longueur totale représente 900 mètres - s'est arrêtée le 26 avril 1986, quelques heures après la catastrophe, ses systèmes électroniques ayant été totalement perturbés par les radiations. Elle n'a plus jamais fonctionné depuis.

**Cette maison tient encore (décembre 1992).** Igor Kostine sillonne des villages évacués de l'Ukraine et de la Biélorussie. Ici, un village abandonné, mais non rasé, dans la région de Gomel, en Biélorussie.

**Dans les zones où le niveau de contamination est considéré comme «restreint»,** l'évacuation des villages n'est pas proposée. En Biélorussie, il existe même une politique de repeuplement de ces territoires où l'on accueille souvent des familles obligées de fuir des zones de conflit: le Caucase,

le Tadjikistan, l'Ouzbékistan, la Kirghizie. Ici, des réfugiés sont installés dans une maison à Gomel. Pour décorer leur nouveau logis, ces gens pauvres n'ont que quelques bouteilles vides de Coca ou de sirop.

**Même des aurochs lointains ont été touchés (juin 1989).** La réserve naturelle d'Askania Nova en Crimée a été fortement irradiée. Ici, un troupeau d'aurochs au coucher du soleil.

**La grande plaine (janvier 1992).** Seuls les poteaux électriques rappellent encore que cette région près de la centrale a été habitée.

# ÉPILOGUE

## VINGT-QUATRE MILLE ANS DANS LA VIE D'UNE POMME

**DEPUIS QUELQUES ANNÉES**, l'humanité est confrontée à une avalanche de désastres majeurs. Des tsunamis, des ouragans, des tremblements de terre, des explosions, des catastrophes aériennes, sans compter les guerres et les famines, défilent sans relâche sur nos écrans. Alors pourquoi , malgré cette vague déferlante de malheurs, la catastrophe de Tchernobyl, vieille de vingt ans, frappe-t-elle encore notre imaginaire? Les aléas de mon métier de journaliste m'ayant amené à sonder le mystère qui entoure encore ce drame, il m'apparaît comme étant l'événement fondateur d'une ère nouvelle. Après Tchernobyl, l'humanité commence timidement à se rendre compte que sa volonté de maîtriser la nature et sa quête inextinguible d'énergie nécessaire à une consommation effrénée la rendent plus fragile qu'un funambule. Quel que soit le facteur qui a déclenché la catastrophe – expérience mal conçue? erreur humaine? réacteur défaillant? secousse sismique? court-circuit dans la salle des machines? –, les conséquences de celle-ci dépassent l'échelle humaine. En effet, comment en mesurer l'étendue temporelle?
Alors que vous vous promenez dans la ville de Pripiat, certes délabrée après vingt ans d'abandon et recouverte par la végétation, vous pensez, machinalement, qu'après quelques travaux ces immeubles pourraient redevenir habitables. Mais illico le verdict tombe: votre accompagnateur, un lieutenant-colonel en tenue de camouflage, vous lance, avec un sourire malicieux: «La ville est contaminée au plutonium, dont la demi-vie est de vingt-quatre mille ans.» Même le césium-137 – qui a empoisonné des dizaines de milliers de kilomètres carrés en Biélorussie, en Ukraine et en Russie et dont la demi-vie est infiniment plus courte que celle du plutonium, puisqu'elle n'est «que» de trente ans – restera dans les sols quand vous ne serez plus de ce monde. Plus généralement, la perception du temps devient non linéaire: tantôt le temps se mesure en secondes – cela n'a pris que quelques secondes au réacteur pour devenir incontrôlable, il n'a suffi que de quelques secondes également pour qu'un liquidateur ait «encaissé» une dose limite, voire mortelle, de radioactivité; tantôt le temps passe à l'échelle géologique et se mesure alors en millénaires; tantôt, avec un enfant qui a un cœur ou des reins de vieillard, rongés par le césium, la catastrophe relève carrément de la science-fiction.

**L'ÉTENDUE GÉOGRAPHIQUE DE LA CATASTROPHE** n'est pas moins saisissante. Le sarcophage est entouré de zones maudites aux contours flous et irréguliers comme des sables mouvants: «Tchernobyl» est

un grand pays habité par huit à neuf millions de personnes dont deux millions d'enfants. La première zone, la zone interdite autour de la centrale, du côté ukrainien et du côté biélorusse, s'étend sur près de dix mille kilomètres carrés. En Biélorussie, ce territoire s'appelle «Réserve naturelle radio-écologique» (qui aurait supposé un tel sens de l'humour chez ce peuple au passé plutôt tragique?), alors qu'en Ukraine, on le nomme «la Zone». Comme ce nom le laisse présager, elle est entourée de barbelés. Pour pénétrer dans ce «bois dormant» couvert de ronces où dort la bête nucléaire, il est indispensable d'obtenir une autorisation préalable et de subir un contrôle policier à l'entrée et à la sortie, et pour y circuler, il faut, comme en enfer, un guide.
La deuxième zone correspond à la zone de «relogement obligatoire», et la troisième, à celle de «relogement volontaire».
Autant de subtilités pour faire comprendre que les lieux ne sont pas propices à l'habitation! Enfin, la quatrième zone comporte des terres plus faiblement contaminées où la vie est possible, à condition de rester sur le qui-vive : ne pas manger des baies et des champignons, contrôler le lait de vache, contrôler les légumes et les fruits de son lopin de terre et, s'ils contiennent du césium-137, ne pas en manger (et que manger alors?), veiller à sa santé (et comment le faire si l'on n'a ni médecins, ni infirmières, ni instruments de contrôle à proximité?). Or, comme l'ennemi est inaccessible à nos sens et que, de toute façon, on ne peut rien contrôler ou presque, l'attention se relâche vite…

MAIS PAR-DESSUS TOUT Tchernobyl reste un trou noir de l'information. Les données sur l'étendue et les suites de la catastrophe ayant d'emblée été falsifiées par le gouvernement soviétique, pas plus qu'aucune association antinucléaire, ni l'OMS, ni le lobby nucléaire ne pourront jamais établir la vérité complète. Ni sur ce qui s'est passé, ni sur le nombre de victimes, ni sur les conséquences médicales, sanitaires et écologiques. Néanmoins, il suffit de se rendre dans n'importe quel cimetière de la zone contaminée et de lire sur les tombes les âges et les dates des décès pour saisir l'ampleur de la catastrophe. Ces chiffres-là ne sauraient être truqués.
Par sa photographie extrême, Igor Kostine a ressuscité Tchernobyl.
Des images pour vingt-quatre mille ans.

**GALIA ACKERMAN**
Journaliste et essayiste, commissaire de l'exposition
*Il était une fois Tchernobyl* (Barcelone, 2006)

Nikon
Nikon

# MA VIE D'HOMME

## UNE ENFANCE MOLDAVE

Je m'appelle Igor Fedorovitch Kostine. Je suis né le 27 décembre 1936, dans les vignes de Moldavie, un pays de soleil et de vin, qu'on appelait à l'époque la Bessarabie. Nous faisions partie de la Roumanie, et l'URSS n'était qu'une frontière orientale.

Ma mère s'appelait Nadejda Popovitch, et mon père, Fedor Kostine. Il est parti à la guerre quand j'avais trois ans et je ne l'ai plus jamais revu. Je n'ai de lui que des souvenirs vagues et je ne le connais que par les quelques photos que ma mère a gardées de lui. C'était un homme étonnant, d'après elle, un économiste qui travaillait dans une banque et qui voulait fonder la sienne. Mais la guerre a éclaté et il est mort.

Je me souviens avoir grandi dans les vignes, brûlé par le soleil, à l'ombre des noyers du soir au matin. L'été, nous mangions des noix, nos mains étaient marron, presque noires, et ne redevenaient roses qu'en septembre. Aujourd'hui, je suis convaincu que je dois ma bonne santé aux noix et aux raisins de mon enfance. Si j'ai résisté aux fortes doses de radioactivité de Tchernobyl, je le dois au pays de mes parents, à ce que nous mangions, à tout ce qui nous entourait et nous protégeait.

Avant la guerre, nous vivions à Kichinev, dans un magnifique appartement. En 1940, notre région a été annexée par l'URSS. Puis mon père est parti, mobilisé par l'Armée Rouge, et son salaire avec lui.

Ma mère et moi, son fils unique, nous sommes alors partis vivre dans les faubourgs de la ville, car elle avait hérité d'une de ces toutes petites maisons moldaves, de cinq mètres sur deux, faite d'un mélange de terre, de paille et de crottin de cheval pétri aux pieds et séché au soleil. Cette maison existe toujours. J'y ai vécu trente-deux ans, j'y ai vécu la guerre, l'occupation, la soi-disant «libération». Et c'est dans cette maison que je suis devenu un homme. C'est de cette maison que je tire toute ma force, encore aujourd'hui…

## L'OCCUPATION ALLEMANDE

Pendant la guerre, nous avions faim. C'était la famine. Il n'y avait plus rien. Je fouillais les poubelles à la recherche d'épluchures de pommes de terre. Il fallait bien manger quelque chose.

Je les ramenais à la maison. Pour tuer les microbes, ma mère les lavait et les cuisait au feu de bois.

Au marché, on achetait de la graisse de poisson aux Allemands qui l'utilisaient pour imperméabiliser leurs bottes. Elle ne coûtait que

quelques kopecks et ma mère savait qu'elle était très nourrissante. Le seul problème, c'était son goût, abominable.
– C'est notre seule chance de survivre, disait ma mère.
Elle y ajoutait de l'oignon cru. Et nous mangions. Pour survivre. Parce que c'était la guerre et que nous avions faim. Parce que nous serions morts, sans cela.
Un jour, la situation s'est peu à peu améliorée. Ma mère s'est mise à cuisiner des borchtch, de la soupe au chou et de la mamaliga, des galettes de maïs. Elle les vendait au marché. Parfois elle en donnait aux voisins, qui mouraient de faim, eux aussi. Quand elle préparait la mamaliga, ma mère diluait la farine de maïs dans de l'eau pour faire une sorte de polenta qu'elle servait sur une grande planche. On mangeait directement dessus. On avait tellement faim qu'on léchait le bois.
Autour de Kichinev, les Allemands avaient ouvert des camps de concentration pour les prisonniers soviétiques. Quand elle l'a su, ma mère s'est mise à faire des seaux de borchtch, qu'elle apportait le soir aux prisonniers. Elle les glissait sous les barbelés et les prisonniers tendaient leurs bras squelettiques pour les prendre. J'accompagnais souvent ma mère.
Un jour, les sentinelles nous ont vus et nous ont tiré dessus. Mais ma mère a continué malgré les balles, car elle espérait retrouver mon père parmi les fantômes du camp de concentration. Après la guerre, elle l'a attendu, plusieurs années, comme beaucoup de femmes en Moldavie. Certains sont revenus, mais pas mon père. Beaucoup plus tard, nous avons reçu un papier qui certifiait sa mort au cours d'un bombardement.
Quand les Soviétiques se sont approchés de Kichinev, nous avons été bombardés, nous aussi. Un Allemand nous avait prévenus. Nous nous attendions au pire. Quand le bombardement a commencé, l'air est devenu métallique. Nous nous sommes cachés sous le lit. Un obus a traversé toute la maison, à peine un mètre au-dessus de nous.
– Sortons d'ici, m'a dit ma mère.
Elle a pris la petite boîte où elle cachait ses économies et s'est assise dessus. Elle a relevé sa jupe et m'a dit de me glisser dessous. Nous avons attendu, longtemps, dans le fracas des obus. Ma mère était persuadée de mourir, mais elle ne pensait qu'à moi. Elle se disait que sous sa jupe, je survivrais.
Puis un Allemand est arrivé. Il nous a crié de monter avec lui dans son blindé garé dans la cour. Nous nous sommes cachés dans un coin du véhicule pendant deux heures. Et j'entendais les Allemands parler des

obus qui tombaient, et des éclats qui frappaient le blindage.
Le lendemain matin, dans les lueurs légères de l'aube, quand le soleil ne s'est pas encore levé, nous avons vu les premiers soldats soviétiques.

## L'OCCUPATION SOVIÉTIQUE

La famine a continué quand même, fidèle. On cherchait des vieilles bottes militaires encore imprégnées de graisse de poisson et on les mangeait. On les coupait en morceaux et on les mangeait !
Puis ma mère s'est mise à coudre, car c'est ce qu'elle savait faire. Elle a monté une sorte de petite entreprise familiale. C'était interdit et à chaque fois que ma mère entendait le portail qui s'ouvrait, elle sursautait. Car on dénonçait jusqu'à ses voisins, à l'époque.
Quand ils avaient à manger, les gens craignaient d'être dénoncés. Comment expliquer qu'on a à manger quand tout le monde meurt de faim?
Les Soviétiques purgeaient toute la région. Ils envoyaient les gens en Sibérie, ceux qui avaient une maison plus grande que leurs voisins, ou ceux qui avaient été dénoncés parce qu'ils avaient quelque chose à manger. Ils les appelaient «les privilégiés».
C'est comme si un Dieu nous avait protégés, ma mère et moi.
Dans notre vie, tout est logique, tout est déterminé par une force invisible qui guide notre route. Dans ma vie, c'est la guerre qui a tout déterminé. J'ai été élevé par ma mère, nous mourions de faim, nous avions peur. Notre unique préoccupation était de survivre.
Chaque jour ma mère tremblait en pensant qu'on allait venir nous chercher. Parfois, le matin, on se réveillait et on découvrait que les maisons de nos voisins étaient vides. Ils avaient eu une demi-heure pour préparer leurs affaires. Et nous, les enfants du quartier, on allait dans ces maisons vides, et on volait tout ce qui restait.
Nous avions honte, mais nous ne pouvions pas faire autrement.
Mon enfance a été très difficile. Je suis devenu un voyou. J'avais un couteau et un pistolet. On se battait. J'étais mauvais élève parce que je pensais que cela ne servait à rien d'aller à l'école. Je préférais jouer au football avec une boîte de conserve.
Les gens ne vivaient que pour survivre. On ne pensait ni à des beaux vêtements, ni à des aliments raffinés, juste à ce qu'on pouvait acheter avec le salaire du mois. Quand on voyait comment les gens vivaient à l'étranger, on n'y croyait pas. Pour nous, c'était tout simplement inimaginable.

1

2

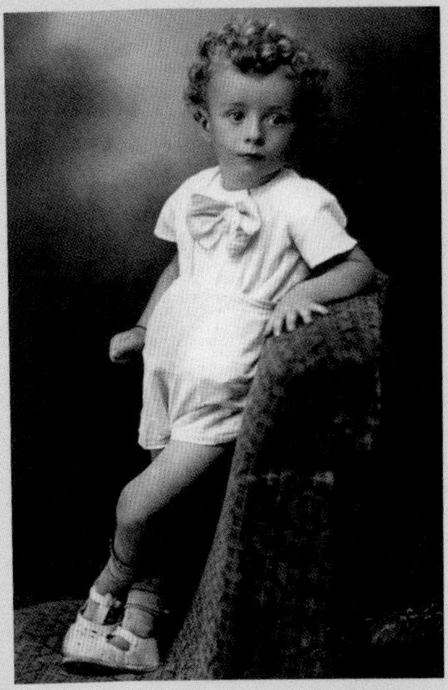

3

4

5

**1.** Mon père. J'avais trois ans quand il partit à la guerre. **2.** Ma mère. Elle m'a appris qu'on pouvait choisir son destin. **3.** À l'âge de quatre ans, je ne savais pas encore que je serai fils unique. **4.** Adolescent, je suis devenu un voyou. 5. L'armée m'a fait connaître valeur d'un morceau de pain.

## SOUS LES DRAPEAUX

Puis, un jour, à force de grandir, j'ai fait mon service militaire. Pendant trois ans. L'armée m'a sauvé. Si je ne suis pas devenu un bandit, c'est grâce à l'armée. Je ne connaissais pas la valeur des choses car c'est ma mère qui faisait tout.

L'armée m'a appris la valeur d'un morceau de pain. À l'armée on nous payait très peu. J'économisais quand même, pour acheter des biscuits, car on ne mangeait pas à notre faim. J'ai fait mon service comme sapeur, chargé de poser les mines, et de déminer ensuite. Dans toutes les guerres, dans toutes les armées, le sapeur est toujours devant.

Un jour, je suis allé au front. Tout notre régiment est monté dans des camions et nous avons été conduits à la frontière, en lisière d'une forêt très épaisse. Quelle frontière? Je ne le savais même pas.

On nous a dit de creuser des tranchées. Toute la journée, de huit heures du matin à huit heures du soir, on a creusé des tranchées.

À la fin de la journée, un officier m'a appelé. Il m'a dit de creuser une tranchée pour les toilettes. Un mètre de large, dix mètres de long. Tous étaient en train de dormir et moi je creusais la tranchée pour les toilettes. Je m'endormais debout.

Je plantais ma pelle dans la terre argileuse, je faisais un oreiller de mes bras et je posais la tête dessus. Je dormais de cinq à dix minutes, debout. Mes mains étaient en sang. Le lendemain, nous avons continué à creuser. Puis, on nous a donné du *spirt*, de l'alcool à 90°. Un assaut était prévu pour la nuit. Nous savions tous qu'il ne nous restait alors que cinq ou six heures à vivre, car nous étions en première ligne, et nous allions y passer dès les premières salves d'artillerie. Je le savais. Je l'avais compris.

Nous étions, comme nos véhicules, recouverts de camouflage. Nous avons bu l'alcool et attendu de mourir. Mais à l'heure prévue pour l'assaut, une jeep s'est approchée en klaxonnant. À l'intérieur, le général de district:

– Repos, repos, les gars ! Les Américains ont retiré leurs troupes !

Le général était debout. On a tiré en l'air. De joie. Nous étions vivants. Le destin m'avait sauvé encore une fois. Nous n'avions plus qu'à attendre le matin et rentrer. Normalement, il nous aurait fallu nettoyer le campement, mais nous n'en avons rien fait. Nous sommes restés là, heureux, impatients de monter dans les voitures… N'était-ce finalement qu'un exercice militaire ou une réelle situation de guerre? Je ne le saurai peut-être jamais.

Les mois ont passé, finalement. Vers la fin de mon service, je me suis rendu compte que je n'avais pas profité une seule fois de mes permissions. J'étais trop indiscipliné et désordonné pour cela. Je m'absentais sans autorisation, aussi. J'avais récolté sept mois de trou sur trois ans de service. C'est beaucoup, sept mois. Mes supérieurs le trouvaient aussi. C'est beaucoup trop, sept mois de trou. Et le commandant du régiment m'a dit que je devais donc encore sept mois de service, car il ne faut pas croire que l'armée, c'est une sinécure… Et pourtant mes supérieurs m'appréciaient. Parce que j'étais un sportif et que je dessinais très bien.

Le lendemain, l'adjoint du commandant m'a invité à passer le voir dans son bureau :

– Kostine, si tu ne veux pas faire ces sept mois, il faut que…

Et il m'a expliqué en quoi je pouvais servir l'armée.

À l'époque, chaque régiment avait ce qu'on appelait des *Leninskaïa Komnata*, des « salles Lénine », où se tenaient toutes les réunions et les cérémonies politiques ou officielles.

– Kostine, si tu arrives à faire de notre « salle Lénine » la plus belle de l'armée…

Cela valait toujours mieux que d'éplucher des pommes de terre pendant sept mois, et je me suis mis à décorer la « salle Lénine ». J'ai sculpté des lettres dans les planches de bois. J'ai dessiné des ornements complexes. Et c'est comme ça que j'ai échappé à sept mois supplémentaires et que mon régiment a eu la plus belle « salle Lénine » de l'armée.

On m'a finalement délivré mon ordre de libération. J'ai mis des vêtements neufs et je suis allé retrouver mes camarades à la gare. Un caporal de mon unité qui était là m'a dit de rentrer immédiatement à la caserne.

– Non. Désolé, caporal, je viens d'être démobilisé.

Et il s'est mis à crier :

– Qui t'a remis ce certificat ? Qui ?

– Le commandement, caporal !

Et il m'a hurlé des insultes jusqu'au départ du train.

## CHOISIR SON DESTIN

À mon retour à la vie civile je me suis aperçu que je ne savais rien faire d'autre que du sport. Je n'avais plus envie de traîner avec mes anciens camarades de jeux qui étaient tous devenus de petits criminels. Je voulais vivre autrement. Je voulais choisir ma vie.

1

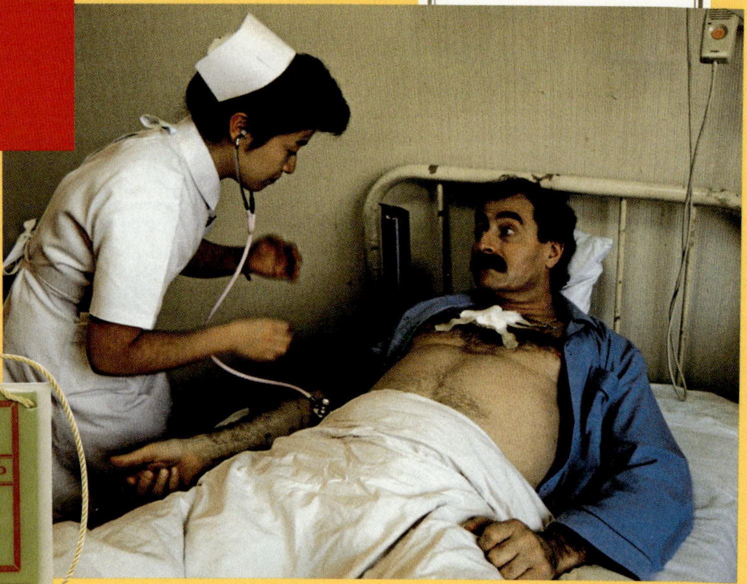

3

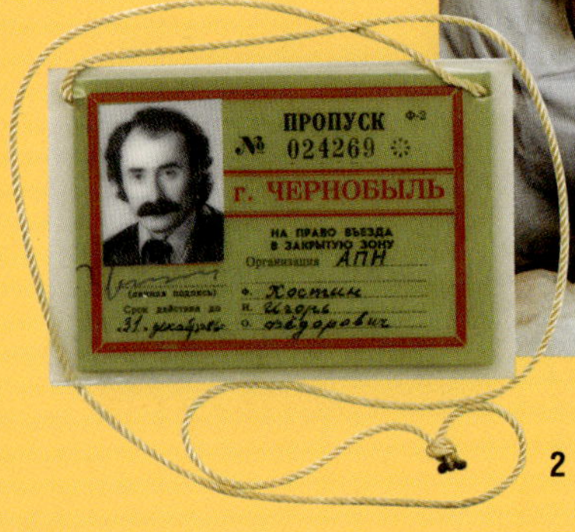


2

**1.** J'ai eu des diplômes d'honneur, des lettres de reconnaissance et des décorations.
**2.** Un de mes nombreux laissez-passer. **3.** J'avais toujours rêvé d'aller au Japon.
Mais pas à Hiroshima pour me faire soigner des effets de l'irradiation !

Comme je ne savais rien faire d'autre, j'ai fait du sport.
En 1959, j'ai repris le volley-ball, et j'ai joué pour ma région.
Puis pour l'équipe de la république de Moldavie, et enfin pour l'équipe soviétique. Cela a duré dix ans. J'ai cassé mes bras à plusieurs reprises. Je me suis déchiré les muscles. J'ai eu des problèmes aux vertèbres et aux genoux.
Au bout de dix ans, j'en ai eu assez.
Le destin est venu à mon secours encore une fois. J'ai rencontré un homme très important, qui voulait que je devienne le mari de sa fille.
Il m'a installé chez lui et m'a assuré que tout ce que j'avais fait jusque-là était sans importance. Il m'a dit de faire des études et de travailler avec lui. J'ai suivi ses conseils. J'ai été technicien et j'ai gravi les échelons jusqu'à devenir ingénieur en chef. En même temps je poursuivais mes études à l'Institut d'agronomie de Kichinev.
Un jour, on m'a proposé de travailler à Kiev Proekt, le bureau central de construction de Kiev.
Nous avons été parmi les premiers en URSS à utiliser les techniques de coffrage pour construire des immeubles très rapidement: la méthode «Opalouchka». Elle est utilisée aujourd'hui dans le monde entier.
Pour cela, j'ai inventé une machine, déposé un brevet et reçu des prix.
Ma fille Dacha en sera fière plus tard…
C'est ainsi que j'ai eu le titre de constructeur en chef. J'étais responsable d'une cinquantaine de personnes. J'avais un salaire garanti. Des vacances garanties. Tout était garanti.
Mais tout cela commençait à m'ennuyer. Encore une fois.
Les tracasseries administratives de l'époque étaient terribles.
Pour développer une nouvelle machine, une nouvelle méthode, il fallait avoir l'accord de toutes les instances concernées: le conseil technique de l'institut régional, le ministère, le ministre-adjoint responsable des équipements, sans compter les commissions d'examen. Ils me disaient: «À quoi bon faire aussi compliqué? Regarde dans la rue: les charrettes sont tirées par des chevaux et elles fonctionnent depuis des siècles.» À la fin, il ne restait rien du projet initial…
Toutes ces nuits que j'ai passées à chercher des solutions, à inventer des machines, elles ne servaient à rien.

## PHOTOGRAPHE AMATEUR

Pour me changer les idées, je me suis intéressé à la photo. J'étais encore marié à la mère de mon fils. Ma femme était également ingénieur

et elle travaillait dans un bureau d'études. Je me suis mis à faire des photos d'elle. C'était une très belle femme. Puis j'ai fait des photos des amies de ma femme, de ma famille… Je rentrais à sept heures du soir, je dînais et je faisais des photos. La nuit, je les développais jusqu'à deux heures du matin. Tous les jours, sans exception, je prenais une ou deux pellicules de photos. Un jour, j'ai présenté un cliché de ma femme à l'exposition photographique de la ville. J'ai remporté la médaille d'or. Ma première exposition. Mon premier prix. Depuis j'ai participé à quatre-vingts expositions et salons de photographie. J'aime les portraits. Le visage et les mains. Les mains révèlent la personne. Le portrait est un des genres les plus difficiles. L'homme doit apparaître dans sa totalité organique. La forme des mains, la manière de tourner la tête, tout cela est une science très complexe. J'ai commencé à vendre mes photos pour continuer à acheter du matériel. Je pouvais gagner jusqu'à deux à trois fois mon salaire d'ingénieur en vendant mes photos.
Puis la télévision m'a engagé comme pigiste. Rapidement, j'ai fait une émission mensuelle d'une heure sur la photographie. Cela a duré un an et demi. Tout le monde regardait. J'organisais des rencontres avec des photographes du monde entier. Certains avaient travaillé au Viêt-nam ou au Bangladesh. Comme l'émission était mensuelle, je pouvais continuer à travailler comme ingénieur. Puis l'émission s'est arrêtée, un peu sans raisons. J'ai quitté la télévision en claquant la porte. Mon premier mouvement a été d'aller voir l'agence de presse Novosti. Je voulais qu'ils m'embauchent. Mais ils m'ont répondu qu'il fallait que j'aille postuler à Moscou, au bureau central de l'agence. J'y suis allé avec mes meilleures photos et une dame m'a reçu. Elle s'appelait Galina Pleskova, c'était la rédactrice en chef. Dans son bureau, sur un mur, j'ai vu une de mes photos : un de mes portraits de femmes.
– Alors, c'est toi le voyou qui prends toutes ces belles femmes en photo ?
Puis elle m'a dit :
– Écoute, mon petit, prendre de belles femmes en photo, ce n'est pas du journalisme. Ce portrait, tu peux passer un an à le préparer. Le journalisme, c'est dix photos comme ça pour chaque reportage. Sans compter l'organisation et les recherches. Tu es un amateur. Je ne peux pas t'embaucher.
Je l'ai quittée, presque en larmes, et je suis rentré à Kiev, où je suis allé me plaindre à l'agence locale : « Mais vous, vous savez que

je sais photographier. » La journaliste qui était là m'a dit, tout simplement : « Fais tes photos. Si elles sont bonnes, on les enverra à Moscou. »

## REPORTER PROFESSIONNEL, ENFIN !

C'est comme ça que j'ai abandonné mon travail d'ingénieur, ma femme et ma maison. Je suis parti. Je dormais dans la rue, sur des bancs. Je dormais partout où je pouvais simplement poser ma tête. Heureusement, c'était l'été. Puis l'agence m'a dit que je pouvais utiliser leur laboratoire. Moi, j'y dormais en cachette. Mais très peu de mes photos étaient acceptées. J'avais à peine de quoi manger : une fois par jour, un verre de lait et un petit pain.
Il m'a fallu cinq ans pour apprendre vraiment mon métier. Il m'a fallu comprendre que chaque photo doit être à la fois belle et pleine de sens. Il faut que la photo soit une œuvre d'art, quel que soit le sujet.
Avec le temps, je suis quand même devenu un reporter de guerre. J'ai été envoyé au Viêt-nam et en Afghanistan. Il y avait des centaines de journalistes là-bas, il fallait bien que quelqu'un de chez nous y aille. J'en ai très peu de souvenirs, sauf du Viêt-nam. Parce que c'était mon premier voyage à l'étranger. Tout était impressionnant pour moi : l'avion, les pluies tropicales, les odeurs, la misère, les petits garçons qui vendaient des allumettes dans les rues. J'étais perdu.
Au Viêt-nam, comme au Cambodge ou en Afghanistan, j'étais en permanence surveillé par des agents du KGB. Je n'avais pas la carte du Parti, et j'étais même le seul reporter non communiste à travailler pour Novosti. Je ne pouvais pas travailler. Je n'avais pas la possibilité de faire ce qu'il y avait à faire. On ne nous l'a pas permis. Je ne pouvais pas aller au front. On me refusait tout. J'étais un pion au service de la propagande. Alors qu'à Tchernobyl, tout est devenu possible. J'ai pris les moyens de ma liberté. Au début, j'ai bien reçu des consignes, mais ce n'était plus pareil. Nous avions changé d'époque. Le système présentait des failles et je m'y suis glissé. J'ai assisté à l'effondrement du régime. Plus encore que la chute du mur de Berlin, Tchernobyl est pour moi le vrai symbole de la fin de l'URSS. Et, je ne suis pas le seul à penser cela. C'est tout un peuple qui voulait le changement. Puissent mes photographies lui rendre cet hommage…
Dans ma vie j'ai fait beaucoup de photoreportages, mais c'est

**Tchernobyl qui a changé ma vie, qui a fait de moi une autre personne. Aujourd'hui, j'ai beaucoup de mal à vivre avec les autres. Je ne comprends pas ce qui les préoccupe : le salaire, le quotidien, leurs petites affaires sentimentales. À côté du malheur que j'ai vu, ce n'est rien. Cette catastrophe m'a moralement transformé. Elle m'a purifié, nettoyé. Après Tchernobyl, j'étais comme un nouveau-né…**

« Il faut introduire dans le Code pénal international un nouvel article : "Tous ceux qui ont caché, cachent ou ont l'intention de cacher la vérité sur des catastrophes semblables à celle de Tchernobyl, par analogie avec le procès de Nuremberg, doivent être jugés pour crimes contre l'humanité sans délai de prescription, en les poursuivant partout dans le monde." »

Boris Oliïnyk, poète et homme politique ukrainien

J'ai eu une petite fille sur le tard. Et maintenant, c'est elle qui donne le plus grand sens à ma vie. Après l'épreuve de Tchernobyl, c'est comme une nouvelle naissance pour moi.

# TABLE DES MATIÈRES

**Remerciements de l'auteur**
Agence de presse Novosti, Kurt L. Schmoke, maire de Baltimore en 1990, Paolo Pillitteri, maire de Milan en 1989, Ada Rogovtseva, Alberto Moravia, Anatoli Povzik, Boris Oliïnyk, Viktor Kriptchenko, Volodimir Tarantchenko, Halina Doubrovina, Jim Ruppert, Ivan Dratch, Ivan Jalko-Titarenok, Mino Domato, Nikolaï Tarakanov, Nina Krioukovaïa, Nina Pribega, Alexandre Koval, Alexandre Iourtchenko, Pasteur Volodimir Domachovets, et à plusieurs autres personnes qui m'ont aidé à faire cet album.

**Remerciements de l'éditeur**
À Guillaume Valabrègue de l'agence Corbis qui nous a donné sa confiance. Il a cru en notre projet éditorial et l'a soutenu jusqu'au bout.
À Steve Davis, président de Corbis, Maria Man, directrice de la photographie, Stefan Biberfeld, avocat, et Nathalie Pavlovsky, éditrice, pour leurs supports et leurs expertises professionnelles.
À Thomas Johnson qui a participé à cet ouvrage en acceptant d'être le «porte-parole» d'Igor Kostine et sans qui ce livre n'aurait pu se faire. À Galia Ackerman, pour son aide précieuse et sa gentillesse.
À Nils Ahl qui a donné à ce livre sa force et sa profondeur. À Tatiana Suchencko et à son fils Sergey, qui ont été notre relais à Kiev et qui nous ont permis de travailler dans d'excellentes conditions.
La conception de cet ouvrage est le fruit d'une longue maturation et du génie de Xavier Barral et d'Anne Jeandet qui ont su nous conduire vers d'autres horizons graphiques. Sans oublier l'œil et le sens de la photographie d'Alain Regard. À Raphaëla Armbruster pour toutes les traductions étrangères du livre, et à Jean-Pierre Guéno qui a toujours cru en ce projet et l'a soutenu.

**Cet ouvrage a été imprimé en Italie sur les presses de l'imprimerie LEGO en fèvrier 2006**

**Dépôt légal mars 2006**